어떤 모자를 쓸까?

어떤 모자를 쓸까?
모자 속 세계 문화 이야기

초판 1쇄 발행 2025년 4월 25일
글쓴이 신현경 | **그린이** 김현영
펴낸이 홍석 | **이사** 홍성우 | **편집부장** 이정은 | **편집** 조유진 · 노한나 | **디자인** 양태종 · 김영주
마케팅 이송희 · 김민경 | **제작** 홍보람 | **관리** 최우리 · 정원경 · 조영행
펴낸곳 도서출판 풀빛 | **등록** 1979년 3월 6일 제2021-000055호 | **제조국** 대한민국 | **사용연령** 8세 이상
주소 서울특별시 강서구 양천로 583 우림블루나인 A동 21층 2110호
전화 02-363-5995(영업) 02-362-8900(편집) | **팩스** 070-4275-0445
전자우편 kids@pulbit.co.kr | **홈페이지** www.pulbit.co.kr | **블로그** blog.naver.com/pulbitbooks | **인스타그램** instagram.com/pulbitkids

ISBN 979-11-94636-20-5 73380
ⓒ 신현경, 김현영 2025

*책값은 뒤표지에 표시되어 있습니다.
*종이에 베이거나 긁히지 않도록 조심하세요. 책 모서리가 날카로우니 던지거나 떨어뜨리지 마세요.
*파본이나 잘못된 책은 구입하신 곳에서 바꿔드립니다.

어떤 모자를 쓸까?

신현경 글 · 김현영 그림

· 모자 속 세계 문화 이야기 ·

작가의 말

사람들은 왜 모자를 쓸까?

휴대 전화가 발명되기도 한참 전 어느 추운 날, 뒤통수는 납작하고 옆통수는 삐뚜름하고, 이마는 드넓은 아기가 태어났어.

그때는 말이지, 뒤통수는 볼록하고, 옆통수는 곧고, 이마는 적당히 환해야 두상이 예쁘다 했어. 그러니 이 아기를 보고 두상을 칭찬하는 사람은 하나도 없었지.

아기가 어린이가 되어서 세상 사람들의 눈으로 자기 모습을 바라보니, 뒤통수고, 옆통수고, 이마고, 죄다 못생겨 보여.

누가 대놓고 놀리는 것도 아닌데, 이마 넓은 어린이는 등교할 때도, 복도를 걸을 때도, 하교할 때도 땅만 보고 걸었어. 그 버릇이 스무 살 넘어서까지도 고쳐지지 않더래. 서른 살 넘어서도 완전히 고쳐진 건 아니야.

어느새 휴대 전화 없는 집이 거의 없는 시절이 왔어. 못생긴 두상을 가지고 태어난 아기는 무럭무럭 커서 어른이 되었지. 그리고 날마다 모자를 쓰게 되었단다. 하루 세 번 강아지 산책을 시키는데, 어느 날은 머리를 안 감아서, 어느 날은 머리가 뻗쳐서, 어느 날은 바람이 거세서, 어느 날은 햇볕이 뜨거워서, 어느 날은 귀가 시리게 추워서, 별별 이유로 모자가 필요했던 거야.

그러던 어느 날 문득 이런 생각이 들더래. '요즘 애들은 모자를 잘도 쓰고 다니던데, 왜 나는 어렸을 때 모자 쓸 생각을 못 했을까? 모자를 썼다면⋯⋯. 아니지. 내 이마가 뭐 어때서? 그나저나 옛날엔 모자 쓰고 다니는 애들을 못 본 것 같아. 모자가 귀했나?'

이런 생각도 들더래. '사람들은 무슨 이유로 모자를 쓸까? 나는 멋으로 쓰거나, 추워서 쓰거나, 뜨거워서 쓰는데⋯⋯. 가만 보자. 머리에 쓰는 거면 다 모자에 속하나? 그렇다면 헬멧도? 머릿수건도?'

질문이 꼬리에 꼬리를 물고 이어지는데, 궁금해서 못 견디겠는 거야. 당장 모자 공부를 시작했지. 그리고 몇 년이 흘러, 모자에 대한 책을 내게 되었단다.

그 책이 이 책이야. 꼬리에 꼬리를 무는 질문이 꼬리에 꼬리를 무는 지식을 가져다주는 경험을 나누고 싶어서 책으로 엮었대. 재미있게 읽어 주길 바라.

뒤통수가 납작하고 이마가 드넓어도 잘만 사는

신현경

차례

프롤로그 모자를 쓰고 파티에 오세요! 8

이걸 쓰면 모두가 나를 우러러보겠지? 12
- 황금 마스크와 파라오의 왕관 14
- 머리에 둘둘 감는 왕관 19
- 찰랑찰랑한 왕관 23
- 왕관보다 화려한 삼층관 26
- 왕관보다 사랑받은 가발 30

춥거나 더울 때만 쓰라는 법은 없잖아? 34
- 바람이 솔솔 통하는 모자 36
- 멋쟁이의 필수품이 된 털모자 40
- 군밤 장수 모자를 닮은 풍뎅이 43
- 아기를 넣고 다니는 털모자 46
- 세계 지도를 바꾼 비버 모자 50

파티에서 머리 다칠 일은 없겠지? 54

- 쇠 그릇 덕분에 탄생한 철모 56
- 우주인 헬멧과 자전거 헬멧 60
- 동계 올림픽에 등장한 아이언맨 헬멧 66
- 야구 모자 말고 야구 헬멧 68
- 소방관을 위한 스마트 헬멧 72

여자만 쓰는 모자라니, 눈에 확 띄겠는걸! 76

- 안 쓰면 잡혀가는 쓰개 78
- 프랑스에서 금지한 쓰개 83
- 치렁치렁한 고깔모자 86
- 머리에 쓰는 치마 90
- 못생긴 얼굴을 가리려고 만든 모자 94

이걸 쓰면 근사해 보일 것 같아 98

- 링컨 대통령의 상징이 된 톱 해트 100
- 나폴레옹이 즐겨 쓰던 이각모 102
- 최고의 요리사가 쓰기 시작한 토그 브란슈 108
- 5천 원짜리 지폐에 등장하는 정자관 112
- 공주가 쓴 망가진 모자 119

에필로그 어떤 모자를 쓸까? 124

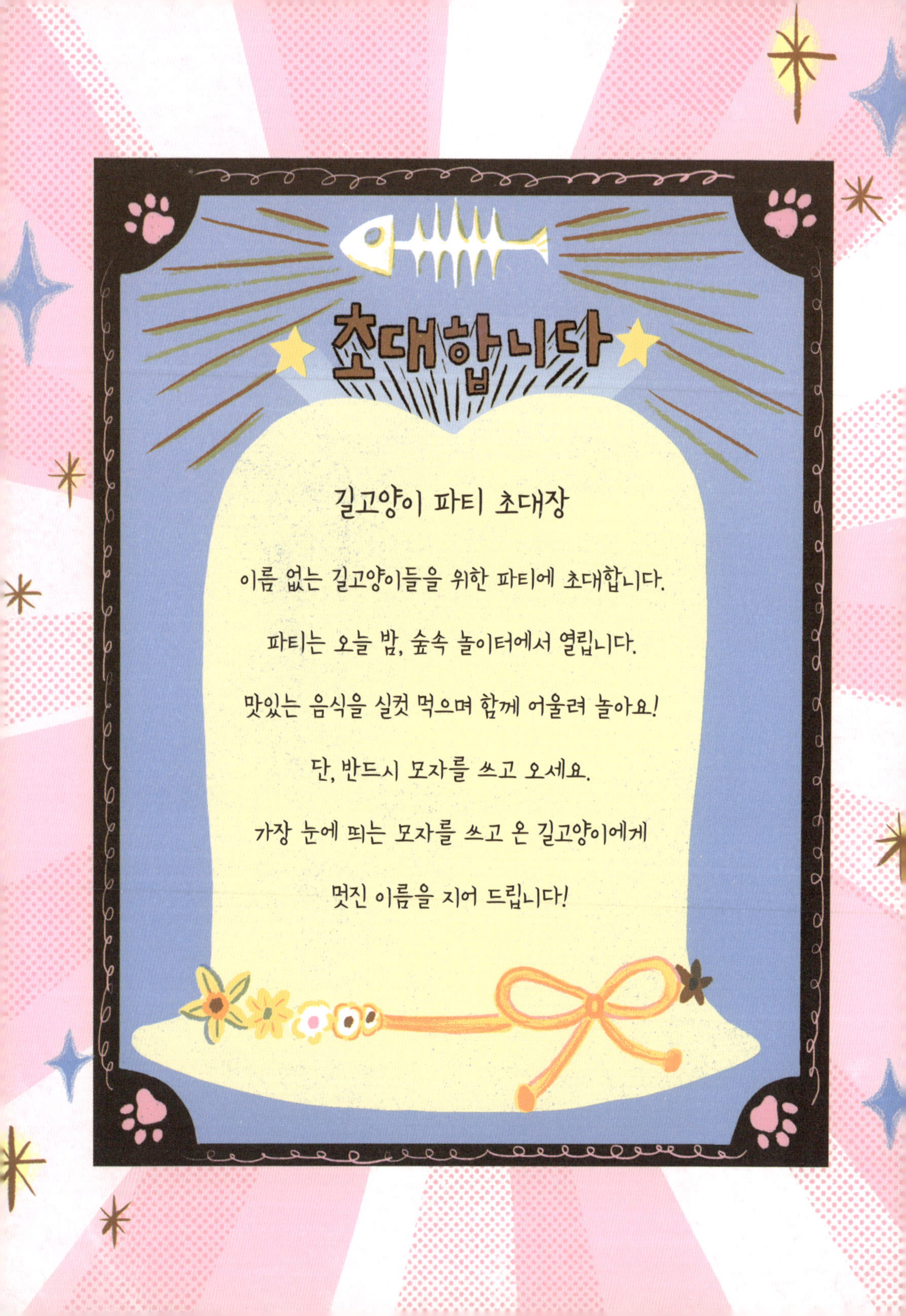

초대합니다

길고양이 파티 초대장

이름 없는 길고양이들을 위한 파티에 초대합니다.

파티는 오늘 밤, 숲속 놀이터에서 열립니다.

맛있는 음식을 실컷 먹으며 함께 어울려 놀아요!

단, 반드시 모자를 쓰고 오세요.

가장 눈에 띄는 모자를 쓰고 온 길고양이에게

멋진 이름을 지어 드립니다!

프롤로그

모자를 쓰고
파티에 오세요!

"멋진 이름을 지어 준다고?"

검은 고양이는 멋진 이름을 꼭 갖고 싶었어요. 검정이, 나비, 냐옹이……, 사람들은 검은 고양이를 제멋대로 불렀어요. 심지어 도둑고양이라고 부르는 사람도 있었지요.

"파티에 꼭 가야겠어. 모자 가게가 문을 닫을 때까지 기다렸다가 모자 찾으러 가야지."

모자를 훔칠 생각은 없어요. 그저 딱 하룻밤만 빌릴 생각이에요. 검은 고양이는 절대로 도둑고양이가 아니니까요.

그런데 가장 눈에 띄는 모자란 어떤 모자일까요? 가장 멋진 모자? 가장 특이한 모자? 가장 우스꽝스러운 모자? 가장 커다란 모자? 가장 잘 어울리는 모자? 아니면 끔찍하게 안 어울리는 모자? 검은 고양이는 고민에 빠졌어요.

"일단 모자 가게에 가 보자. 거기서 가장 눈에 띄는 모자를 찾는 거야."

자, 우리도 검은 고양이와 함께 모자 가게로 들어가서 모자를 골라 볼까요? 각 모자에 얽힌 재미난 이야기를 들으면서 말이에요!

이걸 쓰면 모두가 나를 우러러보겠지?

"앗! 이것이야말로 세상에서 가장 눈에 띄는 모자!"

문 닫은 모자 가게에 몰래 들어간 검은 고양이가 처음 만난 건 왕관이에요. 지금은 왕이 있는 나라가 별로 없지만, 옛날에는 왕이 다스리는 나라가 많았어요. 왕관은 한 나라에서 오직 왕만이 쓸 수 있는 모자라서, 왕을 상징하는 중요한 물건이었지요.

황금 마스크와
파라오의 왕관

검은 고양이가 가장 먼저 써 본 모자는 '네메스'예요. 줄무늬가 있는 두건으로, 파라오가 왕관 대신 썼던 것이지요. 파라오는 고대 이집트를 다스리던 왕을 가리켜요. 나라의 주인이자, 태양신의 아들로 여겨져 막강한 힘을 가지고 있었지요.

그렇게 높디높은 파라오가 왜 줄무늬 두건을 썼을까요? 네메스는 이집트 왕만 쓰지 않았어요. 평범한 고대 이집트 남자들 역시 네메스를 썼답니다. 뜨거운 햇빛으로부터 머리를 보호하려고 쓴 것이지요.

물론 왕이 쓰는 네메스는 보통의 네메스보다 특별했어요. 이마 부분에 코브라나 독수리 장식이 달려 있었거든요. 코브라는 이집트 신화에 나오는 여신 와제트를 상징하고, 독수리는 여신 네크베트를 상징해요. 와제트는 이집트 북쪽의 수

호신, 네크베트는 이집트 남쪽의 수호신이었어요. 그러니까 파라오의 네메스에는 파라오가 이집트의 북쪽과 남쪽을 모두 다스린다는 의미가 담겨 있었지요. 파라오가 대관식 때 썼던 왕관에도 같은 의미가 담겨 있어요. 붉은색과 흰색 왕관을 겹쳐 썼는데 붉은색은 이집트의 북쪽, 흰색은 이집트의 남쪽을 상징했거든요.

파라오 중에 가장 널리 알려진 사람은 '투탕카멘'이에요. 위대한 업적을 세운 왕이라서가 아니라 100년 전 투탕카멘이 묻힌 무덤, 피라미드가 발굴되었기 때문이지요.

투탕카멘의 피라미드 안에는 금으로 장식된 관과 화려한 가구들, 수많은 인형과 조각상이 가득했어요. 벽에 새겨진 벽화와 조각은 황금색으로 빛났고요. 그중 사람들이 가장 관심을 가진 것은 관이었어요.

투탕카멘의 관은 무려 다섯 겹으로 되어 있었어요. 관 속에 관이 있고, 또다시 그 관 속에 관이 있는 식으로요. 관 다섯 개를 차례차례 열어 보니, 그 안에는 미라가 된 투탕카멘이 누워 있었어요. 미라는 썩지 않고 건조되어 원래 상태

에 가까운 모습으로 남아 있는 인간이나 동물의 사체를 말해요. 고대 이집트에서는 파라오의 시체가 썩지 않도록 뇌와 몸속 장기들을 제거하는 과정을 거쳐 미라를 만들었지요.

투탕카멘의 몸은 천으로 둘둘 감겨 있었고, 얼굴에는 황금 마스크가 씌어 있었어요. 네메스 모양의 황금 마스크였지요. 죽은 파라오에게조차 네메스를 씌운 거예요.

혹시 '파라오의 저주'라는 말을 들어 보았나요? 투탕카멘의 무덤을 발굴하던 사람들이 하나둘 알 수 없는 이유로 죽는 바람에 생겨난 말이에요. 정말로 파라오의 저주 때문에 사람들이 죽은 걸까요? 글쎄요. 그것은 영원히 미스터리로 남을 거예요.

이집트 사람들은 왜 파라오를 미라로 만들었을까요? 이집트인들은 파라오가 죽으면 영원히 죽지 않는 신으로 부활한다고 믿었어요. 파라오가 부활하기 위해서는 썩지 않은 온전한 몸이 있어야 한다고 생각했고요. 그래서 파라오의 시신을 방부 처리해서 미라로 만든 거예요. 부활할 파라오를 위해 관 주변에 파라오가 쓰던 물건과 식량까지 두었어요. 요리사와 이발사 조각상도 무덤 안에 두었고요. 뿐만 아니라 파라오가 아끼던 고양이까지 미라로 만들어 무덤 안에 두었답니다.

아참! 전 세계에서 고양이를 가장 먼저 반려동물로 삼은 사람들이 고대 이집트인이라는 사실을 아요? 그들은 어쩌다 고양이와 사랑에 빠진 걸까요? 고양이의 귀여우면서도 쌀쌀맞은 매력을 가장 먼저 알아보았기 때문일까요?

그보다는 고양이의 뛰어난 능력을 알아보았기 때문이에요.

고대 이집트 사람들은 농작물을 갉아먹는 쥐 때문에 골머리를 앓았어요. 그러던 어느 날, 고양이가 쥐를 쫓는 모습을 보고, 고양이를 가까이 두고 지내기 시작했지요. 그러면서 고양이가 뱀이 나타나도 도망치지 않을 만큼 용감하고, 자식을 자주 여럿 낳는 놀라운 능력이 있다는 걸 알게 되었어요.

사람들은 고양이를 신비한 동물로 여기게 되었고, 마침내

신처럼 떠받들게 되었답니다. 그래서 오래전부터 섬기던 여신을 고양이 모습으로 표현하기 시작했어요. 뱀과 전갈로부터 사람들을 지켜 주는 여신 마프데트와 아이들을 지켜 주는 여신 바스테트를 고양이 얼굴에 사람 몸을 한 형태로 표현한 것이지요.

어쩌면 검은 고양이에게 가장 잘 어울리는 건 파라오의 네메스일지도 모르겠네요. 고대 이집트에서 고양이가 사랑을 많이 받았으니, 검은 고양이가 네메스를 쓰고 파티에 가도 좋을 것 같아요. 여러분의 생각은 어떤가요?

머리에 둘둘 감는 왕관

전 세계 사람들이 가장 많이 믿는 종교를 일컬어 세계 3대 종교라고 해요. 세계 3대 종교는 기독교와 불교 그리고 이슬람교예요. 기독교에서는 하느님(또는 하나님)의 말씀을 전하고, 불교에서는 부처님의 말씀을 전

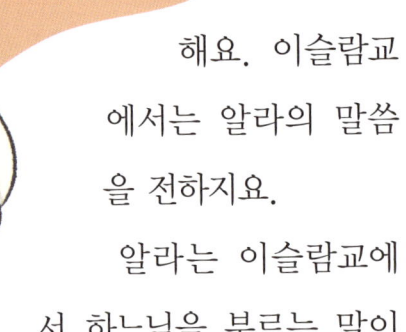

터번

해요. 이슬람교에서는 알라의 말씀을 전하지요.

알라는 이슬람교에서 하느님을 부르는 말이에요. 같은 하느님을 믿는데, 왜 이슬람교와 기독교를 구분할까요? 이슬람교는 무함마드라는 사람이 따로 만든 종교이기 때문이에요.

무함마드는 원래 양을 돌보는 목동이었어요. 그러다가 낙타를 끌고 다니는 상인이 되었지요.

상인 중에는 큰돈을 번 사람들이 많았는데, 무함마드는 그들을 본받기는커녕 그들을 보며 고민에 빠졌어요.

'부자가 되면 가난한 사람을 돌봐야 하는데, 왜 다들 더 큰돈을 벌려고만 할까……?'

고민이 깊어진 무함마드는 조용한 곳에서 눈을 감고 생

각에 잠기곤 했어요. 더욱 조용한 곳을 찾아 동굴 속으로 들어가기도 했지요. 그러던 어느 날, 동굴 속에서 눈을 감고 있던 무함마드에게 어떤 목소리가 들려 왔어요.

"나는 천사 가브리엘이다. 신의 가르침을 들려주기 위해 왔다."

천사의 음성을 들은 무함마드는 한동안 자신이 귀신 들린 것이라고 여겼어요. 그러다 자신이 신의 목소리를 들은 예언자라는 사실을 깨닫고, 신의 뜻을 전파하기 시작했지요.

"부자들은 가난하고 힘없는 자들과 재산을 나누어야 합니다."

가난한 사람들이 먼저 무함마드의 말에 감동했고, 점점 무함마드의 말에 귀를 기울이는 사람들이 늘어났어요. 그러면서 이슬람교라는 종교가 탄생했지요.

이슬람교를 믿는 사람들은 계속해서 늘어났고, 이슬람 왕조도 여럿 생겨났어요. 이슬람 군대가 정복하는 영토도 점점 넓어졌고요. 가장 큰 영토를 차지했던 이슬람 국가는 오스만 제국이에요. 오스만 제국은 오늘날 튀르키예의 최대 도시인 이스탄불을 수도로 삼아 남유럽, 아시아, 북아프리카까지 정복했던 나라예요. 1299년부터 1922년까지 600년 넘게 번성했지요.

오스만 제국의 왕을 '술탄'이라고 불렀는데, 술탄 역시 파라오처럼 왕관 대신 두건을 썼어요. 그 두건의 이름은 '터번.' 이슬람교가 탄생하기 전부터 중동과 아프리카 사막 지역의 남자들이 모래바람과 뜨거운 햇빛을 피하려고 머리에 둘둘 감던 것이지요.

그러다가 이슬람교가 중동 지역에서 탄생하면서, 터번이 이슬람교의 종교 모자가 되었어요. 이슬람교를 믿는 남자들이라면 누구나 터번을 머리에 썼지요. 술탄 역시 이슬람 국가의 왕이자 종교 지도자로서, 터번을 쓴 것이에요.

찰랑찰랑한 왕관

면류관

조선 시대 임금은 어떤 왕관을 썼을까요? 찰랑찰랑 구슬 장식이 달린 왕관을 썼답니다. 그 왕관을 '면류관'이라고 불러요.

면류관은 즉위하는 날이나 나라에 중요한 행사가 있는 날 썼는데, 왕뿐만 아니라 왕세자도 썼어요. 하지만 왕과 왕세자의 면류관에는 차이가 있었어요. 왕의 면류관에는 구슬을 아홉 개씩 꿴 구슬 줄이 앞뒤로 아홉 개씩 달려 있었고, 왕세자의 면류관에는 구슬을 여덟 개씩 꿴 구슬 줄이 앞뒤로 여덟 개씩 달려 있었지요.

면류관을 쓴 날에는 그에 맞는 옷도 갖춰 입었는데, 왕은 아홉 가지 문양이 새겨진 '구장복'을 입었고, 왕세자는 일곱 가지 문양이 새겨진 '칠장복'을 입었어요.

여기서 알 수 있는 점은 왕세자보다 왕의 왕관과 옷이 더 화려했다는 거예요. 조선 시대에는 옷과 모자로 신분을 드러냈거든요. 왕이 왕세자보다 높은 사람이니까 왕의 옷이 더 화려한 것이 당연했지요.

여기서 잠깐! 조선에 왕보다 높은 사람은 없었을까요? 조선에는 없었지만 중국에는 있었어요. 당시 조선은 중국을 형님 나라처럼 섬겼기 때문에, 조선 왕도 중국 황제를 높이 섬겼어요. 그래서 조선 왕의 옷이 왕세자의 옷보다 화려했던 것처럼, 중국 황제의 옷이 조선 왕의 옷보다 화려했어요. 왕관도 마찬가지였고요.

조선 왕은 평소에 곤룡포를 입고 머리에 익선관을 썼어요. 곤룡포는 가슴, 등, 어깨 부분에 왕을 상징하는 용 문양이 수

익선관

놓인 옷이에요. 익선관은 집무할 때 쓰는 관모고요. 관리들은 '복두'라는 관모를 썼는데, 왕도 관리들과 마찬가지로 '일할 때 쓰는 모자'를 쓴 것이지요.

 중국 황제도 곤룡포를 입었는데, 조선 왕이 입는 곤룡포와 색깔이 달랐어요. 조선 왕은 붉은색 곤룡포를 입었고, 중국 황제는 황금색 곤룡포를 입었지요. 조선 왕이 붉은색 곤룡포를 입은 것은 세종 때부터예요. 중국 명나라가 "조선의 왕은 붉은색 옷을 입으라." 하고 정해 주었기 때문이지요. 조선 왕은 중국 황제보다 지위가 낮았기 때문에, 절대로 황금색 곤룡포를 입을 수 없었어요.

 그런데 조선 왕들 중에 유일하게 황금색 곤룡포를 입은 왕이 있답니다. 바로 26대 왕 고종이에요. 고종은 어떻게 황제가 입는 황금색 곤룡포를 입을 수 있었을까요? 스스로 황제 자리에 올랐기 때문이에요. 중국의 황제가 되었냐고요? 아니요. 대한 제국의 황제가 되었답니다.

 고종이 왕위에 있는 동안 조선은 일본의 간섭을 심하게 받았어요. 급기야 일본은 조선의 궁궐로 숨어들어 고종의 왕비인 명성 황후까지 시해했지요. 위험을 느낀 고종은 러시아 공사관으로 피신했다가 얼마 후 궁궐로 돌아와서 1897년 10월 12일, 조선을 황제가 다스리는 나라로 바꾸겠다고 선포했어요. 그것이 대한 제국이에요.

황제 자리에 오른 고종은 붉은색 곤룡포 대신 황제가 입는 황금색 곤룡포를 입었답니다. 고종이 나라 이름을 바꾼 이유는 우리나라의 존재를 세계에 알리기 위해서였어요.

하지만 안타깝게도 대한 제국은 오래가지 못했어요. 고종은 일본에 의해 강제로 왕위에서 내려오게 되었고, 얼마 후 일본이 대한 제국을 강제로 차지했거든요.

왕관보다 화려한 삼층관

오늘날 세계에서 가장 작은 나라는 바티칸 시국이에요. 이탈리아의 수도 로마 안에 있는 도시 국가지요. 다른 나라의 도시 안에 한 나라가 있다는 것이 신기하지 않나요?

바티칸 시국은 인구가 1천 명 정도밖에 안 돼요. 1천 명이면, 큰 초등학교의 전교생 숫자 정도에 불과하지요. 이렇게 작은 나라지만 전 세계에 끼치는 영향력은 작지 않아요. 나라를 다스리는 사람이 교황이기 때문이에요. 국민이 뽑은 대통령도 아니고, 왕가의 핏줄을 이어받은 왕도 아닌, 종교 지도자가 나라를 대표하는 것이에요.

바티칸 시국이 주권을 가진 하나의 나라로 인정받은 지는 100년이 조금 안 되었지만, 교황이 생긴 지는 약 2천 년이나 되었답니다. 처음에 교황은 가톨릭교를 전파하는 역할만 했어요. 하지만 가톨릭교가 널리 전파됨에 따라 교황의 권력도 커졌어요. 중세 시대에는 왕을 물러나게 할 만큼 큰 힘을 가지기도 했지요.

교황의 힘이 세지면서 교황이 대관식에서 쓰는 모자의 모양도 달라졌어요. 처음에는 원통형 관을 썼는데, 힘이 좀 세지면서 2층으로 된 관을 썼고, 힘이 더욱 세진 후로는 3층으로 된 관을 썼지요. 왕보다 더 화려한 관을 씀으로써 교황이 왕보다 높은 사람이라는 것을 보여 주려 한

교황 삼층관

것이에요. 3층으로 된 교황관을 '교황 삼층관', 또는 '교황 삼중관'이라고 불러요. 삼층관은 수백 개의 다이아몬드와 여러 가지 보석으로 장식되어 몹시 화려했답니다. 바티칸 시국의 국기에서도 삼층관을 볼 수 있어요.

그러나 지금은 대관식 때 삼층관을 쓰지 않아요. 1978년 교황 자리에 오른 요한 바오로 1세가 삼층관을 쓰는 전통을 없애 버렸기 때문이에요. 비싸고 화려한 삼층관이 가난한 사람들을 생각해야 하는 교황과 어울리지 않는다고 생각한 것이지요. 그래서 이제는 대관식 때 원통형 관을 쓴답니다.

교황은 평소에 '주케토'라는 납

주케토

작한 빵모자를 써요. 이탈리아어로 '작은 바가지'라는 뜻이에요. 엎어 놓은 바가지처럼 생겼거든요. 주케토는 원래 성직자들이 정수리를 가리려고 쓰기 시작한 모자예요. 중세 시대 성직자들은 세속을 끊고 하느님에게 자신을 바친다는 의미로 정수리 부분을 삭발했어요. 그러다 보니 정수리가 겨울에는 춥고 여름에는 햇볕 때문에 따가워, 정수리를 가릴 만한 작은 빵모자를 쓰기 시작했지요. 주케토는 성직자의 전통 모자로 자리 잡았고, 삭발을 하지 않기로 정해진 후로도 계속 착용하고 있답니다.

참, 주케토는 두 가지 색깔이 있어요. 교황은 흰색 주케토, 추기경은 붉은색 주케토를 써요. 추기경은 가톨릭교회에서 교황 다음으로 높은 지위를 가진 사람이에요. 추기경 가운데 교황이 선출되고, 추기경들이 모여서 교황을 뽑지요.

왕관보다
사랑받은 가발

유럽은 옛날부터 황금으로 왕관을 만들었어요. 그래서 몹시 무거웠지요. 이렇게 무거운 왕관을 날마다, 하루 종일 쓰고 있을 수 없기 때문에 왕들은 평소에 왕관을 쓰지 않았어요. 대신 머리를 화려하게 장식하거나, 값비싼 모자를 쓰거나, 풍성한 가발을 썼답니다.

화려한 장식과 가발 하면 빼놓을 수 없는 왕이 있어요. 바로 프랑스 국왕이었던 루이 14세예요. 루이 14세는 스스로를 '태양왕'이라 칭할 만큼 막강한 권력을 휘두르던 왕이에요. 자신이 가진 권력을 유럽 전역에 자랑하려고 베르사유 궁전을 짓기도 했지요. 아버지인 루이 13세가 사냥용 별장으로 쓰던 곳을 웅장하고 화려한 궁전으로 바꾼 거예요.

루이 14세는 하루가 멀다 하고 귀족들을 베르사유 궁전으로 불러들여 파티를 열었어요. 아예 귀족들을 베르사유 궁전에서 살게 하기도 했지요. 베르사유 궁전은 2만 명이 함께 생활할 수 있을 만큼 거대했거든요.

그 당시 프랑스가 부자 나라라서 어마어마한 궁전을 지었을까요? 아니요. 베르사유 궁전에서 파티가 열리는 동안 백성들은 배를 곯고 있었어요. 하지만 루이 14세는 백성들의 어려움에 전혀 관심이 없었지요. 베르사유 궁전에는 사치스러운 장식품이 가득했고, 루이 14세의 옷장에도 값비싼 옷과 장신구가 가득했어요. 그중에서 루이 14세가 특히 아낀 것은 가발이었어요.

그 시대에는 귀족부터 왕족까지 남녀 모두 가발을 즐겨 썼어요. 머리가 풍성할수록 지위가 높은 사람으로 여겼거든요. 그런데 루이 14세는 머리가 전혀 풍성하지 않았어요. 그래서 여러 개의 가발을 두고, 아침마다 공을 들여 그날의 가발을 골랐답니다. 루이 14세의 초상화 속에서 가발을 쓰고 있는 모습을 볼 수 있어요.

이토록 외모에 공을 들였던 루이 14세에게 엄청난 반전이 있어요. 입과 몸에서 지독한 악취가 났다는 사실이에요. 날

마다 산해진미를 먹으면서도 양치질은커녕 입도 헹구지 않고, 목욕도 전혀 하지 않았거든요. 땀이 나면 마른 수건으로 닦아 내고 옷을 갈아입기만 했지요.

왜 그랬을까요? 물을 몹시 무서워했기 때문이에요. 당시 유럽인들은 목욕을 하면 모공이 열려서 병균이 몸속으로 들어온다고 믿었어요. 특히 흑사병이 유행해서 수십만 명의 사람들이 죽어 나가자, 프랑스 왕실 의사가 왕에게 절대로 목욕하면 안 된다고 조언했지요. 흑사병은 쥐에 붙어사는 벼룩에 의해 전염되는 전염병으로, '페스트'라고도 해요.

그래서 유럽의 모든 왕과 백성들이 목욕을 꺼렸고, 냄새를 감추기 위해 향수나 후추를 몸에 뿌렸어요. 유럽인들은 수백 년이 지나서야 흑사병과 목욕이 아무 상관없다는 사실을 알게 되었답니다.

춥거나 더울 때만 쓰라는 법은 없잖아?

"이 모자는 더울 것 같고…… 이 모자는 밤에 쓰는 건 아닌 것 같고……."

검은 고양이가 발견한 모자는 머리를 따뜻하게 해 주는 털모자와 햇빛을 가려 주는 밀짚모자예요. 요즘에는 털모자도 밀짚모자도 공장에서 쉽게 만들지만, 옛날에는 직접 재료를 구해 하나하나 손으로 만들었어요. 추운 지역에서는 동물의 털과 가죽을 잘라 모자를 만들었고, 더운 지역에서는 나뭇잎이나 풀을 엮어 모자를 만들었지요.

바람이 솔솔
통하는 모자

　더운 지역에서는 뜨거운 햇빛을 가리기 위해 옛날부터 밀짚모자를 많이 썼어요. 특히 뙤약볕 아래에서 일하는 농부들에게는 밀짚모자가 꼭 필요했지요. 바람이 솔솔 통하는 소재에 넓은 챙으로 얼굴에 그늘까지 만들어 주니, 농사짓는 사람들에게는 필수품일 수밖에요.

　밀짚모자는 주로 밀짚이나 보릿짚으로 만드는데, 특이하게 야자수잎으로 만든 것이 있어요. 바로 베트남의 전통 모자인 '농'이에요. 베트남 사람들은 벼농사를 짓기 시작하면서부터 농을 만들어 썼어요. 농은 대나무로 뼈대를 잡은 다음 야자수잎을 꿰매 만들어요. 햇빛은 물론 비도 막아 줘서, 덥고 비가 많이 내리는 베트남에서 꼭 필요한 모자지요. 옛날에는 농으로 물을 떠 마시기도 하고, 농에 밥을 담아 나르기도 했어요. 농이 물통도 되고, 도시락통도 된 거예요. 지금

도 베트남에 가면 농을 흔히 볼 수 있어요. 물론 지금은 물통이나 도시락통으로 쓰지 않아요.

밀짚모자 가운데 화려하기로 소문난 모자가 있어요. 길고양이 파티가 밤이 아니라 낮에 열린다면 검은 고양이에게 추천할 만한 모자예요. 눈에 확 띄거든요. 그 모자의 이름은 '솜브레로'. 멕시코 전통 모자랍니다.

멕시코는 그늘을 찾기 힘들 정도로, 드넓은 평지와 뜨거운 태양으로 유명한 나라예요. 이런 기후와 자연환경에서 일하는 멕시코 농부들에게는 모자챙이 아주 큰 밀짚모자가 필요했어요. 솜브레로를 보세요. 농보다 훨씬 챙이 넓지요? 이렇게 모자챙이 커다랗기 때문에 솜브레로를 쓰면 얼굴뿐 아니라 목과 어깨에까지 그늘이 생겨요. 햇빛을 가려 주는 모자로 딱 좋지요. 그래서 멕시코에서는 농부들뿐 아니라, 뙤약볕 아래에서 일하는 노동자와 카우

솜브레로

보이까지 솜브레로를 썼어요.

  카우보이는 목장에서 말을 타고 소를 몰고 관리하는 사람을 가리켜요. 멕시코, 캐나다, 미국 등지에 많은데 그중 카우보이로 가장 유명한 나라는 미국이에요. 그래서일까요? '카우보이모자'라고 하면, 대부분의 사람들이 미국 카우보이가 쓰는 모자를 떠올려요. 실제로 '카우보이모자'는 미국 카우보이가 쓰는 모자를 뜻하는 말이랍니다.

카우보이모자

  카우보이모자는 밀짚으로 만든 솜브레로와 달리, 동물 털을 원료로 한 섬유로 만들어요. 모자챙 양옆이 말려 올라간 것이 특징이지요.

  요즘엔 카우보이가 아니어도 카우보이모자를 많이 써요. 반짝거리는 드레스에 카우보이모자를 쓰는 사람도 있지요. 카우보이모자가 개성을 드러내는 패션 중 하나가 되었기 때문이에요.

카우보이모자뿐 아니라 솜브레로 역시 다양한 사람들이 즐겨 쓰고 있어요. 특히 멕시코의 전통 음악을 연주하는 사람들이 많이 쓰지요. 멕시코 전통 음악을 '마리아치'라고 하는데, 2011년 세계 문화유산에 등재되기도 했을 만큼 유명해요. 다양한 마리아치 악단이 솜브레로를 즐겨 쓰면서 솜브레로가 점점 화려해졌답니다.

멋쟁이의 필수품이 된 털모자

발라클라바

눈, 코, 입만 빼꼼 보이도록 머리와 얼굴을 가려 주는 모자, 그래서 도둑이 쓸 것만 같은 모자가 전 세계에서 사랑받고 있어요. 그 모자의 이름은 '발라클라바'예요. 이름이 좀 어렵죠? 발라클라바는 크림반도에 있는 어느 항구 마을에서 따온 이름이에요. 어쩌다 마을 이름이 모자 이름이 되었을까요?

지금으로부터 170여 년 전, 발라클라바라는 마을에서 영국군과 러시아군 사이에 전투가 벌어졌어요. 그때 영국 병사들을 오들오들 떨게 한 것이 있어요. 러시아군일까요? 아니요. 영국 병사들을 떨게 만든 것은 매서운 추위였어요. 러시아 병사들은 추운 나라에서 나고 자라 추위에 익숙했지만, 영국 병사들은 그렇지 않았거든요.

영국 병사들은 추위를 견디기 위해 머리부터 목까지 감싸 주는 털모자를 쓰게 되었어요. 그 모자가 바로 발라클라바예요. 발라클라바 마을에서 썼다고 해서 그런 이름이 붙은 것이지요. 처음엔 오로지 추위를 견디기 위해 썼던 모자지만, 지금은 따뜻하면서도 멋스럽게 생긴 모자로서 새로이 유행하고 있어요. 몇 년 전부터 남자, 여자 가리지 않고 멋쟁이들 사이에서 인기를 얻고 있답니다.

발라클라바보다 훨씬 오래전부터 전 세계에서 사랑받은

추요

털모자 하나를 더 소개할까요? 바로 귀덮개가 달린 알록달록한 털모자 '추요'랍니다. 이름은 처음 들어 봤어도 생김새는 많이 보았을 거예요. 추요는 원래 안데스산맥에 사는 원주민들의 전통 모자예요.

안데스산맥은 베네수엘라, 볼리비아, 아르헨티나, 에콰도르, 칠레, 콜롬비아, 페루 일곱 개 나라에 걸쳐 있는, 세계에서 가장 긴 산맥이에요. 그래서 지역에 따라 기후가 달라요. 안데스산맥에 사는 페루 원주민들은 수백 년 전부터 추운 날이면, 머리에 추요를 쓰고 몸에는 판초를 둘렀어요. 판초도 추요와 함께 페루의 전통 의상으로 유명해요. 판초는 네모난 천 한가운데 뚫린 구멍으로 머리를 넣어 입는 옷으로, 우리가 흔히 아는 망토와 비슷하게 생겼어요. 판초는 담요로 쓰이기도 했고, 비가 올 때는 우비로도 쓰였답니다.

오늘날에는 소매 없이 망토처럼 두르는 옷을 흔히 판초라고 불러요. 1850년대에 미군이 처음으로 판초를 군인용 우비로 만들어 입기 시작했고, 1900년대 후반부터는 패션 아이템으로 전 세계에서 널리 쓰이게 되었어요. 담요처럼 두를 수 있는 캠핑용 옷으로도 많이 쓰이지요.

군밤 장수 모자를 닮은 풍뎅이

남바위

검은 고양이가 썼던, 군밤 장수 모자를 닮은 털모자의 이름은 '남바위'예요. 조선 시대 사람들이 추운 겨울에 쓰던 모자지요. 뒷모습이 풍뎅이를 닮아서 '풍뎅이'라고 부르기도 했답니다.

남바위는 비단에 동물 털이나 따뜻한 천을 덧대

어 만들었어요. 남자가 쓰는 남바위에는 특별한 장식이 없었지만 여자가 쓰는 남바위에는 각종 장식을 매달았지요. 참, 남바위는 서양 겨울 모자와 달리 특이한 점이 있어요. 귀와 목, 머리를 덮어 주지만, 정수리 부분은 트여 있다는 것이에요. 아마 머리에 공기가 통하라고 그랬던 게 아닐까요?

　남바위와 비슷하게 생긴 조선 시대 겨울 모자로, '풍차'라는 것도 있어요. 남바위에 '볼끼'를 단 모양이에요. 볼끼는 뺨과 귀를 감싸 주는 머리띠 같은 것인데, 끈을 턱 밑에서 묶지 않고 정수리에서 묶는 게 특징이에요. 턱부터 얼굴을 감싸서 정수리에서 매듭을 짓는 것이지요. 물론 모자와 합쳐졌을 때는 턱에서 매듭을 짓지만요. 모양은 머리띠 같지만 용도는 요즘의 귀마개와 비슷해요. 볼끼는 비단이나 가죽 천에 털을 덧대어 만들었기 때문에 몹시 따뜻했어요. 그러니 볼끼가 달린 풍차는 얼마나 따뜻했을까요? 우리 조상들의 지혜를 엿볼 수 있는 모자가 아닐 수 없지요. 풍차는 2018년 평창 동계 올림픽에서 개막식 의상으로 선보이기도 했어요. 우리나라 전통 모자를 세계에 널리 알리는 계기가 되었지요.

1900년대 조선을 방문했던 서양 사람들은 조선의 모자 중에서도 특히 여자가 쓰는 겨울철 모자 남바위와 풍차에 반해 버렸어요. 서양에서는 볼 수 없는 독특한 모양에, 매우 아름다웠기 때문이에요. 그래서일까요? 1919년 처음 조선을 방문했던 영국 화가 엘리자베스 키스는 겨울 모자를 쓴 조선 여인의 모습을 여럿 그렸답니다.

풍차

아기를 넣고 다니는 털모자

언젠가부터 모자가 달린 외투를 '아노락'이라고 부르는데요, 원래 아노락은 이누이트의 전통 의상인 털옷을 가리켰어요.

이누이트는 그린란드와 알래스카 등 북극해 근처에서 대대로 살아온 원주민이에요. 영하 50도까지 내려갈 정도의 혹독한 추위를 견디기 위해 아노락을 만들어 입었지요.

아노락은 남자, 여자, 아이 모두가 입는 겉옷으로, 바다표범, 북극곰, 순록 등의 가죽으로 만들었어요. 여자들이 입던 아노락에는 유달리 커다란 털모자가 달려 있는데, 그 안에 아기를 넣고 다니기도 했어요. 오늘날에는 전 세계 많은 사람이 유모차에 아기를 태워 다녀요. 그럼 유모차가 없던 옛날에는 아기를 어떻게 데리고 다녔을까요? 나라마다, 민족마다, 문화마다 아기를 업거나, 안거나, 매달고 다니는 방법이 다양했어요. 그중에서 이누이트는 모자 속에 아기를 넣고 다닌 거예요.

옛날에 이누이트는 옷뿐만 아니라 많은 것을 동물로부터 얻었어요. 동물의 피로 영양분을 섭취하고, 동물의 몸을 음식으로 삼고, 가죽으로 집을 짓고, 뼈로 각종 도구를 만들고, 동물의 기름으로 불을 밝혔지요. 이누이트는 이렇듯 모든 것을 내주는 동물을 고맙게 여겼어요. 그래서 동물에게서 얻은 것들을 소중하게 사용했고, 꼭 필요할 때만 사냥을 했지요.

또한, 이누이트는 인간과 동물이 서로 연결되어 있다고 믿었어요. 그래서 동물의 영혼을 달래는 의식을 치르기도 했답니다. 순록을 키우는 이누이트는 지금까지도 순록을 잡는 날 특별한 의식을 치러요. 순록의 머리를 막대기에 꽂아서 순록이 다시 태어나길 빌어 주는 것이지요.

이누이트는 동물 가죽으로 만든 옷을 신성하게 여기기도 했어요. 그래서 갓 태어난 아기에게도 아노락을 만들어 주었지요. 아노락이 아기를 추위로부터 보호해 줄 뿐 아니라, 나쁜 기운으로부터 지켜 준다고 믿었기 때문이에요. 어떤 집에서 아이가 죽으면, 다른 집 엄마가 바다표범으로 모자를 만들어서 죽은 아기의 형제들에게 씌워 주기도 했어요. 바다표범 모자가 나쁜 기운을 몰아내서 남은 아이들의 건강을 지켜 줄 거라 믿은 것이지요.

오늘날에는 대부분의 이누이트가 현대식 생활을 하고 있어서 전통 아노락을 입는 사람이 거의 없어요. 순록을 키우며 유목 생활을 하는 이누이트만이 주로 입지요. 그들은 예전처럼 순록의 털가죽으로 아노락과 털 부츠, 이불, 천막집까지 만든답니다.

이누이트 아노락이 추위를 막아 주는 데 탁월한 옷이라고 알려지면서, 다른 지역 사람들도 비슷한 모양의 옷을 만들어 입기 시작했어요. 그러면서 아노락이 점점 더 가볍고 입기 편한 모양으로 변하게 되었고, 아노락이 모자 달린 외투를 가리키는 말로 쓰이게 된 거예요. 오늘날 아노락은 가볍고, 바람을 막아 주고, 방수까지 되어서 등산복이나 스키복으로 인기가 있답니다.

세계 지도를 바꾼 비버 모자

캐나다를 상징하는 동물이 무엇인지 아나요? 뛰어난 동물 건축가로 유명한 비버예요. 비버는 튼튼한 앞니를 이용하여 댐도 짓고, 집도 지어요.

그런데 옛날에는 비버가 건축가보다 모자 재료로 훨씬 유명했어요. 1580년대 프랑스 파리를 중심으로 비버 가죽 모자가 유행하기 시작했거든요. 비버 가죽은 질기고 튼튼한데다, 염색이 잘 돼서 여러 가지 색깔의 모자를 만들 수 있다는 장점이 있었지요.

파리에서 유행하고 얼마 후 비버 가죽 모자는 유럽 전역에서 '없어서 못 파는 모자'가 되었어요. 영국 왕 찰스 1세가 귀족이라면 반드시 비버 가죽 모자를 써야 한다고 명령했기 때문이에요.

"귀족다운 품위를 지키려면 비버 가죽 모자를 쓰고 외출

해야 한다!"

왕의 명령에 귀족들이 앞다퉈 비버 모자를 사들였어요. 그 바람에 비버 가죽 모자는 금방 동이 나 버렸지요.

"비버 가죽 모자를 더 만들어야 해. 비버 가죽이 필요해!"

하지만 비버 가죽도 동이 난 지 오래였어요. 비버 가죽도, 비버 가죽 모자도 구하기 어려워지자, 비버 가죽은 양가죽보다 120배나 비싸졌고 비버 모자는 자식에게 상속할 만큼 귀한 귀중품이 되었어요.

비버 가죽 모자

이게 얼마나 비싼 건데!

비버 가죽만 있으면 부자가 될 수 있을 거란 생각에, 사람들은 눈에 불을 켜고 비버를 찾았어요. 하지만 이미 유럽에

사는 비버는 모두 모자가 되었지요.

 가장 먼저 네덜란드 상인들이 북아메리카 대륙으로 향했어요. 지금의 미국 뉴욕 맨해튼섬으로 간 것이지요.

 그 무렵 맨해튼은 온통 숲으로 덮인 섬이었어요. 미국이라는 나라도 없을 때였지요. 맨해튼에는 아메리카 원주민들이 살고 있었어요. 아메리카 원주민들은 비버 사냥에 뛰어났지요. 그래서 네덜란드 상인들은 맨해튼의 아메리카 원주민들과 비버 가죽 무역을 시작했어요. 생필품과 비버 가죽을 맞바꾸는 식으로요. 그러다가 아메리카 원주민들에게 아예 맨해튼섬을 사 버렸답니다. 얼마 안 되는 옷감과 겨우 24달러어치의 물건을 주고서 말이에요. 역사가들은 이 사건을 뉴욕 탄생의 시작점으로 보고 있어요.

 맨해튼에서 비버 사냥이 활발해지고 얼마 후, 영국, 프랑스, 스페인, 러시아 사람들도 비버 가죽을 구하기 위해 북아메리카로 몰려갔어요. 그렇게 유럽인들이 발을 들인 곳이 지금의 캐나다예요. 물론 그때는 캐나다라는 나라가 생기기 전이었어요.

1500년대 프랑스가 황금과 보물을 찾아 지금의 캐나다 지역에 발을 들였어요. 그리고 얼마 후에는 비버 무역을 하기 위해 지금의 캐나다 퀘벡 지방에 식민지를 세웠지요. 그 무렵 영국도 비버 무역을 하기 위해 캐나다에 식민지를 만들었어요. 영국은 비버 무역을 독점하고 싶어 했고, 이로 인해 프랑스와 전쟁을 벌이게 되었어요. 프랑스와 영국 간의 전쟁은 무려 100년 가까이 이어졌지요. 기나긴 전쟁 끝에 승리를 거머쥔 나라는 영국이었어요.

　이후 영국은 본격적으로 북아메리카 내륙에 식민지를 개척했고, 점점 영토를 늘려 나갔어요. 점점 더 많은 영국인들이 정착하면서 캐나다라는 나라가 생겨났답니다. 비버 무역을 위해 영국이 캐나다를 식민지로 삼은 후 캐나다라는 나라까지 생겨나게 되었으니, 비버 아니 비버 가죽 모자가 세계 지도를 바꾼 셈이에요. 캐나다는 영국의 식민지에서 벗어나 1982년 완전한 주권 국가가 되었답니다.

파티에서 머리 다칠 일은 없겠지?

"어우, 무거워."

검은 고양이가 머리에 쓴 모자는 헬멧이에요. 충격이나 충돌로부터 머리를 지켜 주는 모자지요. 그래서 헬멧은 단단한 플라스틱이나 철로 만들어요. 헬멧의 종류는 셀 수 없이 많아요. 운동선수도 쓰고, 군인도 쓰고, 위험한 곳에서 일하는 노동자도 쓰고, 우주인도 쓰니까요. 다른 모자에 비해 헬멧의 역사는 매우 짧지만, 현대 사회에 절대 없어서는 안 될 중요한 모자랍니다.

쇠 그릇 덕분에
탄생한 철모

검은 고양이가 들어간 모자 가게에서 가장 무거운 모자는 아마도 중세 시대 투구일 거예요. 중세 시대 유럽의 기사들이 갑옷을 입고서 머리에 썼던 것이지요. 투구와 갑옷은 고대부터 중세까지 오랫동안 사용되었어요. 돌멩이, 도끼, 화살, 창, 칼과 같은 무기로부터 몸과 머리를 보호해 주는 장비였지요. 고대에는 갑옷과 투구를 청동으로 만들었고, 중세 시대에는 철로 만들었어요.

우리나라의 갑옷은 어땠을까요? 청동기 시대에는 동물의 가죽이나 뼈 또는 나뭇조각으로 갑옷을 만들었을 거라고 추측해요. 그리고 삼국 시대부터는 여러 가지 모양의 철판을 이어 만들거나, 작은 철판을 가죽으로 엮어서 갑옷을 만들었어요. 고려 시대와 조선 시대에는 두루마기처럼 몸에 두르는 갑옷을 입었지요. 갑옷과 함께 투구도 썼답니다.

갑옷과 투구는 총과 같은 화약 무기가 개발되면서 점차 사라지게 되었어요. 화약 무기를 피하려면 몸이 날래야 하는데, 투구와 갑옷을 입으면 몸이 너무 무거워서 재빨리 움직이기 어려웠거든요. 그런데 투구를 대신할 모자가 곧바로 발명되지 않아서, 한동안 군인들은 천이나 가죽으로 만든 모자를 썼어요. 하지만 그런 모자는 머리를 보호하는 역할을 거의 못 했어요. 그저 군인이라는 직업만 드러낼 뿐이었지요.

그러다 1차 세계 대전이 터졌어요. 1차 세계 대전은 세계 초강대국 자리를 두고 유럽 국가들끼리 벌인 전쟁이에요. 영국, 프랑스, 러시아가 한편이 되고, 독일과 오스트리아가 다른 한편이 되어 싸웠지요.

이 전쟁에서 처음으로 한 번에 수많은 사람들을 죽일 수 있는 무기가 도입되었어요. 그 무기는 바로 총알이 연속으로 발사되는 기관총과 탱크예요. 이런 무기가 판을 치는, 포탄과 총알이 날아다니는 전쟁터에서 머리에 천 모자만 달랑 쓰고 있던 병사들은 어떻게 되었을까요? 수많은 병사가 머리에 피를 흘리며 죽어 갈 수밖에 없었답니다.

그러던 어느 날, 프랑스 병사 중 하나가 머리에 부상을 입고도 살아남았지 뭐예요? 병사의 목숨을 살린 건 다름 아닌 쇠 그릇이었어요! 어떻게 된 일일까요? 그 병사는 자신의 머리를 보호하기 위해 둥그런 쇠 그릇을 머리에 쓰고, 그 위에 천 모자를 쓴 채 전쟁터에 나갔던 거예요.

군인들이 쓰는 모자인 '철모'는 이 일을 계기로 탄생했어요. 아드리안이라는 프랑스 장군이 쇠 그릇 덕분에 목숨을 건진 군인 이야기를 전해 듣고는 엎어 놓은 쇠 그릇처럼 생긴 철모를 발명했지요. 아드리안 장군이 발명한 철모는 반구형으로 생겨서 총탄과 파편이 튕겨 나가기 좋은 디자인이었어요. 철모의 이름은 장군의 이름을 따서 '아드리안'이 되었지요. 아드리안 철모는 곧바로 프랑스 병사들에게 보급되었고, 여러 나라로 수출도 되었답니다.

프랑스에서 아드리안 철모를 개발하고 얼마 후 영국에서도 철모를 개발했어요. 브로디라는 이름을 가진 발명가가 설계해서 철모 이름도 '브로디'가 되었지요. 브로디는 아드리안보다 가볍다는 장점이 있었어요.

　1차 세계 대전 당시 프랑스와 영국의 적국이었던 독일도 철모를 개발했어요. 1916년에 독일 병사들이 처음 쓰기 시작해서 철모의 이름이 'M1916'이에요. M1916 철모는 양쪽에 구멍 두 개가 뚫려 있는 것이 특징이에요. 공기가 통하라고 만든 구멍인데, 겨울에는 구멍으로 찬바람이 들어와서

병사들 대부분이 구멍을 막고 철모를 썼다고 해요.

프랑스, 영국, 독일 순서로 철모가 개발되었지만, 오늘날 가장 널리 쓰이는 철모는 미국에서 개발된 것이에요. 유럽의 철모가 1차 세계 대전 중에 개발된 것처럼, 미국은 2차 세계 대전과 베트남 전쟁을 치르면서 각종 무기와 군용 보호 장비 개발에 성공해 가장 튼튼하면서도 가벼운 철모를 만들어 냈거든요.

우주인 헬멧과 자전거 헬멧

우리에게 가장 친숙한 헬멧은 아마도 자전거 헬멧이 아닐까요? 세발자전거를 타는 아이부터 올림픽 경기에 참가한 선수까지, 자전거를 타는 사람이라면 누구나 자전거 헬멧을 쓰니까요.

그런데 이토록 널리 쓰이는 자전거 헬멧이 철모보다 훨씬 늦게 발명되었다는 사실을 알고 있나요? 자전거의 역사도 그리 길지 않아요. 오늘날의 자전거 모습과 비슷한 현대식 자전거는 1870년대부터 타기 시작했거든요.

현대식 자전거가 나오기 전까지 사람들은 나무 바퀴가 달린 자전거를 탔어요. 마차 바퀴처럼 생긴 바퀴가 달린 자전거였지요. 그래서 몹시 덜컹거렸고, 속도도 빠르지 않았어요. 그러던 어느 날, 바큇살이 철로 만들어진 자전거가 나온 거예요. 그것이 바로 최초의 현대식 자전거 '하이휠'이에요.

하이휠은 '높은 바퀴가 달린 자전거'라는 뜻이에요. 이름처럼 하이휠에는 높고 커다란 바퀴가 달려 있었어요. 그런데 특이하게도 앞바퀴만 커다랗고, 뒷바퀴는 자그마했지요. 앞바퀴와 뒷바퀴의 크기가 너무 달라서 자전거를 탈 때 균형을 잡기 어려웠지만, 사람들은 하이휠을 좋아했어요. 바퀴에 고무를 씌워서 승차감도 좋고 속도도 빨랐거든요. 나무 바퀴 자전거에 비하면 더없이 완벽했지요.

하이휠을 타는 사람들이 많아지면서 하이휠 경주 대회도

열렸어요. 그러자 사람들은 더 빠른 자전거를 찾게 되었고, 하이휠의 앞바퀴는 점점 더 커졌어요. 앞바퀴가 크면 클수록 페달을 한 번 밟을 때마다 자전거가 더 멀리 나갔기 때문이지요. 앞바퀴가 커지니까 덩달아 자전거 안장의 높이도 점점 더 높아졌어요. 그러다 보니 자전거가 고꾸라지는 사고가 자주 일어났고, 머리에 부상을 입는 사람들도 늘어났어요.

여러 사고로 사람들이 하이휠 타기를 포기했을까요? 그럴리가요. 사람들은 그때부터 머리 부상을 막기 위해 헬멧을

쓰기 시작했어요. 하지만 사람들이 처음에 썼던 헬멧은 자전거용 헬멧이 아니었어요. 식물이나 가죽띠를 엮어 만든 것이었지요. 그래서 머리 부상을 막는 데 별 효과가 없었어요.

하이휠이 발명되고 100년이 지나서야 가벼우면서도 단단한 자전거 헬멧이 개발되었어요. 그즈음 세계인을 깜짝 놀라게 한 일이 벌어졌는데, 바로 그 일 때문에 자전거 헬멧이 탄생할 수 있었어요. 그 일이란 바로 인간이 처음으로 달에 발을 디딘 거예요. 1969년 7월 20일 미국에서 쏘아 올린

우주인 헬멧

우주선이 달에 착륙했고, 우주인 닐 암스트롱이 인류 최초로 달에 첫 발걸음을 내디뎠어요. 그때 암스트롱이 한 말은 지금까지도 유명해요.

"이것은 한 인간에게는 한 걸음이지만 인류에게는 위대한 도약이다."

그날 암스트롱을 비롯해 달에 착륙한 우주인들은 모두 머리에 헬멧을 쓰고 있었어요. 얼마 후 이 헬멧을 본보기로 하여, 자전거 헬멧이 탄생하게 되었답니다.

최초의 현대식 자전거 헬멧의 겉면은 우주인 헬멧과 같은 재질로 만들어졌어요. 그래서 충격을 받아도 깨지지 않을 만큼 단단했지요. 헬멧 안쪽에는 충격을 흡수할 수 있도록 스티로폼을 덧댔어요. 이후 자전거 헬멧은 발전을 거듭해서 지금과 같은 모양에 이르렀지요.

　자전거 헬멧 중에 겉면에 결이 있고 기다란 구멍 여러 개가 난 것을 본 적 있나요? 결 무늬는 그저 멋으로 넣은 게 아니에요. 큰 부상을 방지하기 위해 넣은 것이지요. 결이 있는 헬멧을 쓰면 땅에 머리가 부딪쳤을 때 머리가 바닥에서 미끄러지기 때문에 목이 꺾이는 걸 방지할 수 있거든요. 구멍은 자전거 주행 시 발생하는 열을 효과적으로 식혀 주는 역할을 하고요.

자전거 헬멧

동계 올림픽에 등장한 아이언맨 헬멧

'아이언맨 헬멧'으로 불리는 스포츠 헬멧이 있어요. 2018년 평창 동계 올림픽 스켈레톤 대회에서 한국의 윤성빈 선수가 썼던 헬멧이에요. 윤성빈 선수는 아이언맨 헬멧을 쓴 채 경기를 치르고 금메달을 거머쥐었어요. 그래서 아이언맨 헬멧이 더욱 화제가 되기도 했답니다.

스켈레톤은 썰매에 엎드린 자세로 얼음 트랙을 활주하는 겨울 스포츠 종목이에요. 매우 빠른 속도로 활주하기 때문에 자칫하면 머리에 큰 부상을 입을 수 있어서, 반드시 헬멧을 써야 하지요.

스켈레톤 뿐 아니라 동계 올림픽

스포츠 헬멧

에서는 헬멧을 써야 하는 종목이 많아요. 스키, 쇼트 트랙, 봅슬레이, 스노보드, 스키 점프, 루지처럼 눈 덮인 산이나 미끄러운 빙판 위에서 속도를 겨루는 종목이 많거든요. 아이스하키처럼 선수들끼리 몸을 세게 부딪치며 경기를 하는 종목에서도 머리를 보호하기 위해 헬멧을 쓰지요.

　겨울 스포츠 종목은 아니지만 미식축구 선수들도 같은 이유로 헬멧을 써요. 미식축구는 미국에서 인기 있는 스포츠 종목이에요. 이름은 '축구'지만 손으로 공을 들고 뛰기 때문에 럭비와 축구가 섞인 경기라고 생각하면 돼요. 미식축구 선수들은 경기 중에 격렬한 몸싸움을 하기 때문에 부상을 입기 쉬워요. 그중 가장 위험한 부상이 머리 부상이에요. 그래서 미식축구 선수들은 머리에 단단한 헬멧을 쓰고 얼굴을 보호하는 페이스 마스크도 쓴답니다.

야구 모자 말고
야구 헬멧

전 세계 사람들이 가장 흔히 쓰는 모자는 아마도 야구 모자일 거예요. 야구를 하든 안 하든, 야구 경기를 보러 가든 안 가든, 누구나 종종 야구 모자를 쓰지요.

야구 모자는 야구 선수들이 써서 야구 모자라 불리게 되었어요. 그런데 처음부터 우리가 아는 모양의 야구 모자를 썼던 건 아니에요. 초기에는 선수마다 가지각색의 모자를 썼답니다. 모자가 유니폼에 포함되어 있지 않았기 때문이에요. 햇빛을 가리려면 모자를 쓰긴 써야 하는데, 딱히 정해진 모자가 없으니까 각자 갖고 있는 모자를 쓴 거예

야구 모자

요. 신사용 모자를 쓴 선수도 있었고, 밀짚모자를 쓴 선수도 있었지요.

세계 최초의 야구팀은 '니커보커스 야구 클럽'으로, 1845년 뉴욕에서 생겨났어요. 니커보커스는 1846년에 처음으로 야구 경기를 치렀고, 1849년에 첫 유니폼을 만들어 입었어요. 이때 유니폼은 모직 바지와 두꺼운 면 셔츠였어요. 모자는 밀짚모자였고요. 선수들이 입는 옷이라기보다 신사용 옷에 가까웠지요.

오늘날에는 어느 나라 어느 팀이건, 모자가 유니폼에 포함되어 있어요. 유니폼은 그 옷을 입은 선수가 어느 팀 소속인지를 드러내는 역할도 하지만, 선수들에게 소속감과 공동체 의식을 느끼게 하는 의미도 있어요. 유니폼이 '우리는 한 팀! 우리는 하나!' 같은 마음가짐을 불러일으키는 것이지요.

지금과 같은 모양의 야구 모자가 야구 유니폼 중 하나로 정해진 것은 1954년의 일이에요. 미국 메이저 리그에서 공식적으로 채택했기 때문이에요. 야구 모자는 곡선 모양의 단단한 챙이 햇빛을 잘 가려 주었고, 가볍고 편안했어요. 길이

조절이 가능해서 선수마다 머리에 맞춰 쓸 수 있었지요.

 물론 타자는 공격할 때, 포수는 수비할 때 야구 모자 대신 헬멧을 써요. 헬멧을 쓰지 않으면 빠른 속도로 날아오는 공에 머리를 다칠 수 있으니까요. 실제로 그런 일이 일어난 적도 있어요. 1920년 미국에서 일어난 일이에요. 야구 경기 도중에 타석에 서 있던 선수가 날아오는 공에 머리를 맞고 쓰러졌어요. 선수는 곧바로 병원으로 옮겨졌지만, 몇 시간 후 숨을 거두고 말았어요.

 만약 사고를 당한 타자가 헬멧을 쓰고 있었다면 아마도 목숨을 잃지는 않았을 거예요. 하지만 안타깝게도 사고 당시 그 타자는 헬멧이 아니라 야구 모자를 쓰고 있었어요. 타자용 헬멧이 없어서 그랬던 게 아니에요. 그때는 야구 선수들이 헬멧을 잘 쓰지 않았답니다. 헬멧을 쓰면 이래저래 불편하다

야구 헬멧

는 이유였지요. 선수가 사망하는 사고가 일어나자 미국 프로 야구 리그는 얼른 경기 규정을 발표했어요.

"앞으로 타석에 들어서는 모든 타자는 야구 모자 말고 반드시 헬멧을 써야 합니다."

선수들은 타자용 헬멧이 날아오는 야구공으로부터 귀와 이마, 머리를 보호해 준다는 사실을 알고 있었어요. 그럼에도 새로운 규정에 불평을 늘어놓았지요. 헬멧은 덥고, 무겁고, 머리에 꼭 맞지 않아 불편하고, 시야를 가려서 야구 방망이를 휘두르기 어렵다고요. 결국 타자들은 규정을 어기고 계속 야구 모자만 썼어요. '설마 그런 사고가 또 일어나겠어? 나는 괜찮을 거야.' 같은 안일한 생각으로 지낸 것이지요.

지금처럼 모든 타자가 헬멧을 쓰기 시작한 건 40년 정도밖에 되지 않았어요. 이제는 "거추장스럽긴 해도 헬멧을 써야 경기에 더 집중할 수 있어요. 부상을 입을지도 모른다는 걱정을 덜어 주니까요."라고 할 만큼 헬멧에 대한 태도가 매우 달라졌지요. 타자와 포수가 의무적으로 헬멧을 착용한 후로 날아오는 공 때문에 야구 선수가 목숨을 잃는 사고가 다시는 발생하지 않았답니다.

소방관을 위한 스마트 헬멧

불이 나거나 응급 상황이 발생하면, 우리나라 국민은 누구나 119로 전화를 겁니다. 119 안전 센터는 화재 신고가 접수되자마자 가까운 소방서로 연락하고, 연락을 받은 소방관들이 즉각 화재 현장으로 출동하지요. 1분 1초라도 더 빨리 화재 현장에 도착하기 위해, 소방관들은 소방차 안에서 방화복을 입고 각종 장비를 갖춰요.

화재 현장에 도착한 소방관의 가장 중요한 임무는 불 속에 갇힌 사람들을 구하는 것이에요. 물론 불을 끄는 일도 동시에 해야 하지만, 도움이 필요한 사람이 있는지, 있다면 어느

지점에 있는지 확인하는 것이 먼저지요.

 소방관들은 재빨리 상황을 파악한 후, 화재를 진압할 팀과 불길 속으로 들어가 사람을 구조할 팀을 나눕니다. 그리고는 망설임 없이 시커먼 연기와 시뻘건 불 속으로 뛰어들지요.

 이때 소방관들은 20킬로그램이 훌쩍 넘는 보호 장비를 입고, 메고, 쓰고 있어요. 소방관에게 필요한 보호 장비는 불이 잘 붙지 않는 방화복과 방화 장갑, 방화 두건과 방화 신발, 연기 속에서 숨을 쉴 수 있도록 도와주는 공기 호흡기, 소방 헬멧 등이에요. 이렇게 무거운 장비를 갖춘 채 무거운 소방 호스를 들고 사다리를 오르고, 쓰러진 사람을 업

방화 두건

고 달리는 것이지요. 그래서 소방관에게는 화재 진압에 관한 지식과 기술뿐 아니라 튼튼한 체력도 필요해요.

　소방관이 착용하는 보호 장비 가운데 머리를 보호해 주는 것은 방화 두건과 소방 헬멧이에요. 방화 두건은 불이 잘 붙지 않는 섬유로 만들어서, 불꽃이 튀고, 뜨겁고, 새카만 먼지가 피어오르는 화재 현장에서 얼굴, 머리, 목을 보호해 줘요. 또한, 소방 헬멧은 불꽃과 떨어지는 물체로부터 머리를 보호해 주지요. 방화 두건을 쓰고, 그 위에 소방 헬멧을 또 쓰는 거예요.

　몇몇 나라에서는 소방관들이 스마트 헬멧을 쓰기도 해요. 스마트 헬멧은 최근에 개발된 첨단 헬멧으로, 카메라, 무선 헤드셋, 위치 추적기 등이 달려 있어요. 스마트 헬멧을 쓰면 소방관이 무

소방 헬멧

전기 없이도 다른 대원들과 손쉽게 통신할 수 있고, 두 손이 자유로워서 화재 진압 활동에 더 집중할 수 있어요. 또한, 위치 추적기가 있기 때문에 만에 하나 소방관이 화재 현장에 갇히더라도 금방 발견할 수 있지요. 아직 널리 쓰이고 있지는 않지만 공기 호흡기가 달린 스마트 헬멧도 개발되었답니다.

우리나라에서도 몇 년 전부터 일부 소방서에서 무선 헤드셋이 달린 스마트 헬멧을 사용하고 있어요. 머지않아 모든 소방관들이 더 안전하고 더 편리한 헬멧을 쓸 수 있겠죠?

여자만 쓰는 모자라니, 눈에 확 띄겠는걸?

"이거 옷이야, 모자야? 모자 가게에서 옷도 팔아?"

검은 고양이가 옷으로 헷갈린 것은 '쓰개'예요. 쓰개는 머리에 쓰는 물건을 통틀어 이르는 말이라서, 모자 가게에 있는 것이 이상한 일은 아니죠.

옛날에는 여자들이 낯선 남자에게 얼굴과 머리카락을 드러내지 않는 관습이 있었어요. 오늘날에는 이러한 관습이 많이 사라졌지만, 아직도 여자가 반드시 쓰개를 써야 하는 나라들이 있어요. 이슬람교를 믿는 나라들 중 몇몇 나라가 그렇답니다.

안 쓰면
잡혀가는 쓰개

　이슬람교를 믿는 여자들이 가장 많이 쓰는 쓰개는 '히잡'이에요. 이슬람교를 믿는 남자들이 가장 많이 쓰는 쓰개는 '터번'이고요. 히잡도 터번도, 고대 이집트 남자들이 썼던 네메스처럼 뜨거운 햇살과 모래바람으로부터 머리와 얼굴을 보호하기 위해 쓰기 시작했어요. 오늘날에는 히잡과 터번이 이슬람교를 상징하는 물건이 되었지만, 둘 다 이슬람교가 탄생하기 전부터 쓰던 것이죠.

　가톨릭에서도 옛날부터 여자들이 머리에 쓰개를 써요. 성당에서 미사를 볼 때 쓰는 '미사보'라는 쓰개예요. 검소하고 정숙한 모습으로 하느님 앞에 선다는 의미로 머리를 가리는 것이지요. 요즘은 미사보를 쓰는 사람도 있고 안 쓰는 사람도 있지만, 옛날에는 미사보를 쓰지 않은 여자는 성당에 들어갈 수조차 없었답니다.

그런데 무슬림 여자들은 이슬람 사원에 갈 때만 쓰개를 쓰는 게 아니에요. 집밖에 외출할 때마다 써야 하지요. 게다가 쓸지 말지를 본인 마음대로 결정할 수도 없어요.

어쩌다 모래바람으로부터 머리를 보호해 주던 쓰개가 여자를 차별하는 물건으로 변했을까요? 이슬람교가 생겨난 이후에 변한 것이에요.

이슬람교의 교리를 적은 책을 '코란'이라고 하는데, 코란에 "여자들은 다른 사람을 유혹하는 어떤 것도 밖으로 드러내지 말라."라는 구절이 있어요. 쉽게 말하면, 낯선 남자들이 관심을 가지지 않도록 여자더러 얼굴과 몸을 가리라는 뜻이에요. 처음에는 코란에 적힌 말씀에 따라 쓰개가 낯선 남자로부터 여자들을 보호하기 위한 것이었는데, 점점 여자들을 고립시키는 것으로 변해 버렸어요. 그렇게 세월이 흐르면서 여자들이 쓰개를 쓰는 것이 이슬람 문화와 관습으로 굳어졌답니다.

이슬람교를 믿는 여자들이 쓰는 쓰개에는 히잡 말고도 부르카, 차도르, 니캅 등 여러 가지가 있어요. 그중에서 히잡이 가장 몸을 덜 가리고, 부르카가 몸을 가장 많이 가려요. '부르카'

는 머리부터 발목까지 온몸을 가리는 모양으로, 얼굴까지 전부 덮기 때문에 앞을 볼 수 있도록 눈 부분만 망사로 되어 있어요. '차도르'는 부르카랑 비슷하게 생겼는데, 눈이나 얼굴 부분은 내놓을 수 있는 모양이고요. 마지막으로 '니캅'은 얼굴을 가리는 삼각형 모양의 수건인데, 주로 히잡과 함께 쓰지요.

모든 이슬람 국가가 여자들에게 쓰개를 쓰도록 강제하는 것은 아니에요. 예를 들어, 튀르키예나 모로코는 쓰개 착용이

의무가 아니라 선택 사항이에요. 여자들이 쓸지 말지를 정할 수 있지요. 하지만 이란, 사우디아라비아, 아프가니스탄 등의 나라에서는 쓰개 착용이 의무 사항이에요. 쓰개를 쓰지 않았

다는 이유로 경찰에 잡혀가는 것은 물론이고, 길거리에서 낯선 남자들에게 폭행을 당하기도 해요. 하물며 가족이 폭력을 가하기도 하지요. 집안의 수치라고 말이에요.

더 큰 문제는 정치인들의 결정에 따라 쓰개 착용이 의무가 되기도 하고, 금지가 되기도 한다는 것이에요. 여자들의 뜻과는 상관없이 말이지요.

대표적인 나라가 이란이에요. 이란은 1925년부터 1979년까지 히잡 착용을 여자들의 뜻에 맡겼다가, 히잡 착용을 법으로 금지했다가, 지금은 "히잡을 쓰지 않은 여자는 벌거벗은 것과 다름없다."라며 히잡 착용을 강제하고 있지요. 이란에서는 외국인을 포함해 아홉 살이 넘은 모든 여자는 공공장소에서 히잡을 써야 해요.

이렇게 정책이 오락가락하는 것도 모자라, 여자들에게 안 좋은 쪽으로 굳어지니까 이란 여자들 사이에서 불만의 목소리가 흘러나왔어요. 그러던 중 2022년 사건이 터졌어요. 한 20대 여자가 히잡을 제대로 쓰지 않았다는 이유로 경찰에 끌려갔는데, 경찰서에서 조사를 받다가 죽고 만 거예요. 그런데 경찰은 사과는커녕 이 사건을 숨기려 했어요. 결국 분노한 여자들이 거리로 뛰쳐나와 히잡 착용을 선택할 자유를 달라고 외치며 시위를 벌였지요. 시위는 점점 번져, 해를 넘기도록 계속되었어요. 하지만 이란 정부는 시위 참여자를 공개 처형하는 등 강하게 맞섰어요. 세계 여러 나라가 인권 탄압이라고 목소리를 높였지만 아랑곳하지 않았지요. 그래도 이란 여성들은 포기하지 않았어요. 지금까지도 저항을 멈추지 않았지요. 이란에서는 히잡을 벗거나 가볍게 착용하는 여자들이 점점 늘어나고 있답니다.

프랑스에서 금지한 쓰개

우리는 다른 사람, 다른 문화를 존중하라고 배워요. 그런데 이슬람 국가들이 여자에게 쓰개를 강요하는 것은 마냥

존중해야 할지, 사람들마다 의견이 다르답니다.

한국에서는 이슬람교를 믿는 무슬림을 보기 어렵지만, 유럽에서는 종종 볼 수 있어요. 이슬람 국가에서 이민 간 사람들이 많기 때문이에요. 유럽에서 무슬림 인구가 가장 많은 나라는 프랑스예요. 인구 열 명 가운데 한 명이 무슬림이지요. 무슬림 여자들은 각자의 문화에 따라 쓰개를 쓰기 때문에 프랑스에 가면 히잡, 차도르 등 다양한 쓰개를 쓴 여자들을 볼 수 있어요. 하지만 부르카는 볼 수 없어요. 프랑스가 부르카 착용을 법으로 금지했기 때문이에요.

프랑스는 2011년부터 모든 공공장소에서의 부르카 착용을 금지했어요. 부르카를 입은 채 공공장소에 나타나면 부르카를 입은 여자뿐 아니라 그 여자에게 부르카를 입으라고 강요한 남자에게도 벌금을 부과하지요.

부르카 착용을 금지하는 이유는 크게 두 가지예요. 첫째, 부르카처럼 '얼굴을 완전히 가리는 복장'을 금지함으로써 테러를 예방하려는 거예요. 극단적인 무슬림들이 유럽에서 테러를 일으킨 적이 몇 번 있는데, 그중에는 테러범이 부르카 안에 폭탄을 숨긴 사건도 있었어요. 그런데 범인이 부르카로 몸과 얼굴을 전부 가려서 범인의 신분을 알아내기 힘들었지요. 잇단 테러로 유럽에서 공포가 확산되자 프랑스가 먼저 부르카를 금지하고 나선 거예요. 둘째, 이슬람 여성들을 억압하는 부르카를 벗게 해 주어 그들의 인권을 높이려는 거예요. 여성을 차별하는 의미가 담긴 부르카를 금지함으로써 무슬림 여성들이 자유롭게 활동할 수 있게 하자는 의미지요.

그런데 무슬림 여성들은 모두 부르카 금지법을 환영할까요? 환영하는 사람들도 있지만, 그렇지 않은 사람들도 있어요. 우리가 보기에는 부르카가 갑갑한 옷처럼 보이지만, 오랫동안 그 옷을 입어 온 사람들에게는 편한 옷일 수도 있어요. 오히려 부르카를 벗는 것이 불편할 수도 있다는 말이에요. 평생을 가리고 생활했는데, 갑자기 얼굴과 온몸을 드러내야 하니까요. 히잡, 차도르, 니캅 모두 마찬가지예요. 쓰기 싫어하는 여성도 있고, 계속 쓰고 싶어 하는 여성도 있답니다.

그래서 부르카 금지법이 처음 생겼을 때 논란이 컸어요.

다양한 문화와 종교를 인정하지 않는 법이라고 말이에요. 하지만 프랑스에 이어 덴마크, 네덜란드, 영국, 이탈리아 등의 나라에서도 비슷한 법을 만들었지요.

가장 좋은 방법은 당연히 쓰개 착용을 무슬림 여성들의 선택에 맡기는 거예요. 다른 모자들처럼 쓰고 싶은 사람은 쓰고 벗고 싶은 사람은 벗을 수 있어야 하지 않을까요?

치렁치렁한 고깔모자

옛날 유럽에서는 여자들이 얇은 망사 베일로 얼굴이나 머리를 가리는 일이 많았어요. 낯선 남자 앞에서 얼굴을 드러내는 여자를 교양 없다고 여겼기 때문이에요. 베일을 쓴 여자들은 품위 있고 정숙하다고 여겼고요. 서양 전통 결혼식에서 신부가 쓰는 새하얀 면사포도 같은 이유로 쓰기 시작했답니다.

그런데 베일도 아무나 쓸 수 없었어요. 신분이 낮은 여자들은 베일을 쓸 자격이 없다며 베일을 금지했던 나라도 있거든요. 신분으로 사람을 차별하고 모자도 못 쓰게 하다니, 오늘날에는 상상할 수도 없는 일이지요.

아무튼 세월이 흐르면서 유럽 여자들은 점차 베일을 벗기 시작했고, 레이스나 리본처럼 베일을 장식품으로 사용하게 되었어요. 그렇게 탄생한 모자 중 하나가 바로 에냉이에요. 1500년대 유럽 여자들 사이에서 유행했던 모자로, 고깔모자처럼 생겼어요. 뿔 모양 모자에 얇은 베일을 걸쳐 늘어뜨린 게 특징이지요.

에냉은 여자들만 쓰는 모자이면서, 신분을 드러내는 모자였어요. 신분이 높을수록 기다란 에냉을 썼는데, 베일이 허리까지 내려오고 모자 길이는 무려 1미터나 되는 에냉도 있었답니다. 그렇게 기다란 에냉을 쓰면 키가 훌쩍 커져서 문을 통과할 수 없었어요. 그래서 어떻게 했을까요? 가장 쉬운 방법은 허리를 숙이는 것이겠죠? 하지만 그건 귀족 체면에 안 어울리는 행동이었어요. 결국 기다란 에냉을 쓴 여자들은 허리를 꼿꼿하게 세우는 대신 힘

들게 무릎을 굽히고 문을 통과했답니다. 무릎을 굽히는 건 기다란 치마에 가려 안 보이니까, 귀족 체면을 구기지 않는다고 생각한 거예요.

이렇게 불편한 모자였지만 에냉은 유럽에서 100년이 넘도록 유행했어요. 처음에는 고깔모자처럼 생긴 뿔이 하나인 에냉이 유행했지만, 나중에는 뿔이 두 개인 에냉, 세 개인 에냉, 하물며 하트 모양 에냉까지 다양한 에냉이 유행했답니다.

모자 가게에 하트 모양 에냉이 없는 것이 아쉬워요. 검은 고양이가 그걸 쓰고 파티에 가면 모두의 시선을 사로잡을 것 같은데 말이에요.

머리에 쓰는 치마

조선 시대 여자들도 쓰개를 썼어요. '남녀칠세부동석'이라는 말 들어 봤나요? 유교의 옛 가르침 중 하나로, '일곱 살만 되면 남자와 여자가 한자리에 앉지 말아야 한다.'라는 뜻이에요. 조선은 유교 사상을 떠받들었기 때문에 이런 가르침을 잘 따랐어요. 그래서 여자들은 가족이 아닌 남자와 얼굴을 마주하지 않았고, 외출할 때는 쓰개로 머리와 얼굴을 가렸지요.

조선은 신분제 사회였기 때문에 여자들의 쓰개도 신분에 따라 달랐어요. 양반가 여자들은 '너울'이라는 쓰개를 썼는데, 생김새가 무슬림 여자들이 쓰는 차도르와 비슷해요. 길이만 좀 더 짧을 뿐이지요. 너울은 커다란 검은색 비단으로 만들어서 머리부터 뒤집어쓰는 모양이에요. 얼굴 부분은 반투명한 옷감으로 만들어 앞을 볼 수 있게 했지요. 너울은 특히 양반집 여자가 말을 탈 때 많이 썼어요. 평소에는 너울보다 활동하기 편한 쓰개치마나 장옷을 많이 썼고요.

쓰개치마와 장옷은 또 뭐냐고요? '쓰개치마'는 쓰개용 치마라고 생각하면 돼요. 치마처럼 생겼지만 치마보다 길이도 짧고 폭도 좁아요. 치마허리 부분을 얼굴에 두른 후 양쪽 끝을 턱 밑에서 손으로 잡고 다녔지요. 한 손을 쓰지 못해 불편했지만, 그렇다고 끈을 묶어서 고정하진 않았어요. 양반 체면에 맞지 않는다고 생각했거든요.

너울

'장옷'은 두루마기 모양의 쓰개예요. 소매가 달려 있지만, 소매에 팔을 꿰지는 않았어요. 역시나 양반 체면에 맞지 않는 행동이었기 때문이지요. 그래서 소매를 그대로 비워 둔 채, 쓰개치마처럼 얼굴에 두른 후 한 손으로 잡고 다녔답니다. 장옷은 원래 조선 남자들이 겉옷으

쓰개치마

로 입던 옷인데, 언제부터인가 여자들이 쓰개로 사용하기 시작했어요. 그래서 7대 왕 세조 때 이런 상소문이 올라오기도 했지요.

"옷이라 하는 것은 남녀를 구별하고 귀천을 구별해야 하는데, 여인들이 남자와 같은 장옷을 입는 풍습이 퍼지고 있으니 금해 주십시오."

쉽게 말해, 여자가 남자 옷을 입지 못하도록 해 달라는 거예요. 하지만 왕도 유행을 막지는 못했어요. 장옷은 점점 더 널리 쓰여, 쓰개치마와 함께 양반집 여자들이 가장 많이 사용하는 쓰개가 되었거든요.

양반이 아닌 여자들은 어떤 쓰개를 썼을까요? 중인이나 평민 여자들은 '처네'라는 쓰개를 많이 썼어요. 쓰개치마나 장옷과 달리, 처네를 쓸 때는 양 끝에 달린 끈을 머리 뒤에서 묶을 수 있었어요. 양반처럼 체면을 차릴 필요가 없으니,

그나마 편하게 묶고 다닐 수 있었던 것이지요. 처네는 머리 쓰개뿐 아니라 아기를 업는 포대기로도 사용되었어요. 특히 솜을 넣어 만들어서 겨울철 방한용 옷으로도 많이 썼지요.

 여자들이 점차 쓰개를 벗기 시작한 것은 조선에 서구 문물이 들어오면서부터예요. 외국 선교사가 운영하는 여학교에서 장옷이나 쓰개치마를 못 쓰게 했거든요.

 늘 쓰개를 쓰고 외출하던 여자들은 처음에 맨얼굴로 나가는 걸 어색해하고 부끄러워했어요. 그래서 학교를 그만두는 여자들도 많았지요. 그러자 학교에서 대안을 내놓았어요. 학생들에게 검은색 양산을 쓰게 한 거예요. 쓰개처럼 얼굴을 가려 주는 것은 물론이고 햇빛까지 가려 주는 양산은 점점 인기를 얻었고, 나중에는 양산을 쓰는 것이 유행이 되었지요.

장옷

못생긴 얼굴을 가리려고 만든 모자

검은 고양이가 쓰고 있는, 끈 달린 모자는 어때 보이나요? 검은 고양이에게 잘 어울리는 것 같지 않나요? 저 모자는

보닛

한때 유럽 여자들 사이에서 인기를 끈 '보닛'이에요. 턱 밑에서 끈을 묶는 모자로, 여자뿐 아니라 어린아이도 많이 썼답니다.

보닛은 처음 생겨난 이유가 매우 특이해요. 어떤 여자가 자신의 못생긴 얼굴을 가리려고 만들었거든요. 그러다가 그 모자를 본 사람들이 너도나도 비슷한 모자를 쓰기 시작하면서 널리 퍼지게 되었지요. 보닛을 따라 쓴 사람들은 처음에는 집안일을 할 때 머리카락이 흘러내리지 않게 하려고 썼어요. 그러다 점점 외출용 모자로도 쓰기 시작했지요. 그때는 머리카락과 얼굴을 가리고 다녀야 정숙한 여자, 즉 얌전하고 몸가짐

이 단정한 여자라고 여겼기 때문에 보닛이 외출용 모자로 딱 좋았던 거예요. 그래서 초기에 유행한 보닛은 얼굴을 거의 가리는 형태였어요.

얼굴을 거의 가리는 모자를 쓰고 걸어 다니면 어떨까요? 주변을 잘 볼 수 없어서 불편하고 위험할 거예요. 그래서 보닛을 쓴 여자들은 조심조심 걸을 수밖에 없었어요. 그런데도 보닛은 계속 인기를 끌었고 나중에는 반드시 써야 하는 모자가 되었답니다. 여자라면 누구나 공공장소에서 보닛을 써야 했던 거예요. 보닛을 쓰는 것이 여자들이 지켜야 할 예의처럼 굳어진 것이지요.

다행스럽게도 얼굴을 다 가리는 모양의 보닛이 계속 유행하지는 않았어요. 보닛이 얼굴을 가리는 용도에서 머리를 아름답게 꾸미는 용도로 변했기 때문이에요.

1700년대 중반 유럽 여성들 사이에서는 크게 부풀린 머리가 유행했어요. 그에 따라 모자도 점점 거대해지고, 화려해졌지요. 모자를 리본, 깃털, 레이스, 꽃, 보석 등으로 꾸미다 못해 인형, 새장, 과일 바구니로도 꾸몄을 정도예요. 모자가 이렇게 화려해지면서 보닛도 덩달아 화려해졌어요. 모양도 얼굴을 잘 드러낼 수 있게 바뀌었지요.

옛날 유럽에 살았던 사람들 중 화려한 모자를 좋아한 것으로 빼놓을 수 없는 사람이 있어요. 바로 마리 앙투아네트 왕비예요. 프랑스 국왕이었던 루이 16세의 부인으로, 사치스럽기로 유명했지요. 마리 앙투아네트가 쓰는 모자는 프랑스에서 가장 유명한 디자이너가 만들었는데,

모자값이 그 당시 노동자들의 몇 달 치 임금과 맞먹을 정도였어요. 마리 앙투아네트는 화려하면서도 특이한 모자를 좋아해서, 함선 모형을 모자처럼 쓴 일도 있었어요. 프랑스 해군의 승리를 기원하는 뜻으로 쓴 것이지요.

이걸 쓰면 근사해 보일 것 같아

"이 모자는 숨바꼭질할 때 쓰면 좋을 것 같아. 이 모자는 어딘지 멋져 보이네."

검은 고양이가 속 들어간 모자는 미국 대통령이 썼던 모자예요. 검은 고양이가 멋지다고 생각한 모자는 프랑스 황제가 썼던 모자지요. 모자 가게에서 마지막으로 유명한 모자를 둘러볼까요? 유명한 사람이 써서 유명해진 모자도 있고, 오래오래 널리 쓰여서 유명해진 모자도 있답니다.

링컨 대통령의 상징이 된
톱 해트

검은 고양이 몸이 쏙 들어갈 정도로 길쭉한 검은 모자의 이름은 '톱 해트'예요. 이름 그대로 높은 모자라는 뜻이지요. 모자가 높이 솟은 모양이거든요.

톱 해트는 영국에서 쓰기 시작했는데, 처음에는 사람들이 이 모자를 보고 괴상하다며 눈살을 찌푸렸어요. 톱 해트를 쓴 남자를 보고 기절한 여자도 있었지요. 그래서 톱 해트는 한참 동안 인기를 끌지 못했어요. 그러다가 빅토리아 여왕의 남편이 톱 해트를 쓰면서 유럽에서 톱 해트 열풍이 불게 되었답니다.

빅토리아 여왕은 1837년부터 1901년까지 영국을 다스렸어요. 영국이 '해가 지지 않는 나라'라고 불리며, 세계 곳곳에 식민지를 거느리던 전성기 시절을 이루었지요. 그러니까 당

톱 해트

시 빅토리아 여왕은 세계에서 가장 힘센 나라의 왕이었던 거예요. 그렇게 높은 사람의 남편이 톱 해트를 썼으니, 당연히 그 모자가 인기를 끌 수밖에요!

미국에서 톱 해트가 인기를 끈 것은 링컨 대통령 덕분이에요. 링컨 대통령이 톱 해트를 자주 썼거든요. 링컨 대통령은 톱 해트 속에 연설문을 넣어 다니기도 했답니다. 링컨 대통령은 미국에서 노예를 해방시킨 인물로, 미국에서 가장 존경받는 대통령 중 한 명이에요. 링컨은 흑인에게도 투표권을 줘야 한다고 주장했어요. 그렇게 흑인 인권 정책을 펼치다, 흑인을 차별해야 한다고 주장하던 백인 남자에게 암살당하고 말았지요.

영국이든 미국이든 톱 해트는 격식을 차려야 하는 자리에 쓰고 가는 모자로 통했어요. 특히 오페라를 보러 가는 신사들이 많이 썼지요. 그래서 톱 해트를 '오페라 모자'라고도 불렀어요. 높은 모자를 쓰고 오페라를 보면 뒷사람의 시야를 가리지 않느냐고요? 다행히 오페라를 보는 동안은 모자를 벗어 두었답니다. 톱 해트는 보기엔 딱딱하고 단단해 보이지만, 사실 스프링 틀에 검은 실크를 씌워 만들었기 때문에 누르면 쉽게 납작해졌거든요.

나폴레옹이 즐겨 쓴 이각모

군인용 철모가 개발되기 전까지 군인들은 천이나 가죽으로 만든 모자를 썼어요. 전쟁터에서 머리를 보호해 주는 기능은 없었지만, 군인이라는 직업과 직위를 드러내기 위해 쓴 거예요. 특히 높은 지위에 있는 유럽 군인들은 모자 양쪽 끝이 뿔처럼 솟은 '이각모'라는 모자를 썼어요. 검은 고양이가 멋지다고 한 모자가 바로 이각모랍니다.

이각모 하면 떠오르는 역사적인 인물이 있어요. 여러분도 한 번쯤은 들어 본 이름일 거예요. 바로 나폴레옹 보나파르트예요. 프랑스 군인 출신으로 수많은 정복 전쟁을 벌이고, 프랑스 황제 자리에까지 오른 사람이지요. 나폴레옹은 이각모를 100개 넘게 가지고 있었을 만큼 이각모를 좋아했어요. 이각모를 쓰면 키도 훌쩍 커 보이고, 권위도 잘 드러난다고 생각했기 때문이에요.

나폴레옹은 원래 왕족도, 귀족도 아니었어요. 프랑스 변두리에서 태어나 별 볼 일 없는 군사 학교를 졸업했지요. 그런데 어떻게 프랑스 황제가 될 수 있었을까요?

나폴레옹이 스물일곱 살 때 프랑스는 이탈리아, 오스트리아와 전쟁을 벌이게 되었어요. 그때 프랑스 의회는 젊은 나폴레옹에게 군대를 지휘하는 최고 지휘관인 사령관 자리를 맡기기로 결정했어요. 초고속 승진을 시킨 셈이에요. 나폴레

옹이 프랑스에 쳐들어온 영국군을 물리쳐서 국민들 사이에 인기가 대단했거든요. 사령관이 된 나폴레옹은 군대를 이끌고 험난한 알프스산맥을 넘었어요. 그렇게 이탈리아를 점령하고, 이어서 오스트리아도 정복했답니다.

이후 나폴레옹은 가는 곳마다 승리를 이끌었어요. 나폴레옹의 인기는 더욱 높아져, 프랑스의 국민 영웅으로 불리게 되었지요. 그리고 얼마 후, 황제 자리에 올랐어요.

황제가 된 나폴레옹은 영국까지 차지하기로 결심했어요. 하지만 영국은 만만한 나라가 아니었어요. 영국이 무릎을 꿇지 않자, 나폴레옹은 작전을 바꾸었어요. 유럽에서 영국을 고립시키기로 한 거예요.

유럽의 여러 나라가 영국과 무역을 하지 않게 만들면, 영국에서는 각종 물건이 바닥날 테니까요. 그러면 프랑스에게 두 손을 들 테고요.

그런데 러시아가 영국과 계속 무역을 할 거라고 어깃장을 놓지 뭐예요? 자신의 명령을 어긴 것에 화가 난 나폴레옹은 곧장 60만 명의 군사를 이끌고 러시아로 향했어요. 결과는 어땠을까요?

처음엔 나폴레옹 군대가 대승을 거둔 것처럼 보였어요. 단숨에 러시아의 중심 도시 모스크바를 차지했거든요. 그런데 뭔가 이상했어요. 나폴레옹 군대가 모스크바에 도착했을 때는 이미 도시가 텅 비어 있었거든요. 나폴레옹은 모스크바 시민들이 겁에 질려 일찌감치 도망친 거라고 생각했지만, 사실 그건 러시아의 작전이었어요. 모스크바 시민들에게 식량을 모조리 없애 버리고 도시를 떠나라고 지시해 두었거든요.

러시아의 작전은 효과를 거두었어요. 나폴레옹 군사들이 혹독한 추위와 끔찍한 배고픔에 시달리다가 하나둘 얼어 죽거나 굶어 죽기 시작한 거예요. 나폴레옹은 어쩔 수 없이 후

퇴를 명령했어요. 하지만 러시아의 작전은 아직 끝난 게 아니었어요. 러시아 군대는 기진맥진한 채 후퇴하는 나폴레옹 군대를 공격해 대승을 거두었지요.

러시아와의 전쟁 실패로 나폴레옹은 황제 자리에서 쫓겨나고 말았어요. 하지만 나폴레옹은 포기하지 않았어요. 얼마 후 파리로 돌아와 또다시 황제 자리에 오르더니, 이번에는 기필코 유럽을 정복하겠노라 외쳤지요. 프랑스 시민들은 열광했어요. 하지만 유럽이 가만있었을까요? 그럴 리 없죠. 여러 나라가 똘똘 뭉쳐 나폴레옹 군대에 맞섰어요. 결국 나폴레옹은 참패했고, 다시 한번 황제 자리에서 쫓겨났답니다. 그리고 얼마 후 유배당한 섬에서 외롭고 초라하게 숨을 거두었어요.

하지만 오늘날까지도 나폴레옹은 최고의 군사 전략가로 손꼽혀요. 프랑스 영웅 중 하나로 칭송받고 있고요. 나폴레옹이 썼던 이각모도 귀하게 보존되고 있답니다. 나폴레옹의 이각모는 스무 점 정도 남아 있는데, 그중 하나가 우리나라에 있어요. 1800년 나폴레옹이 알프스산맥을 넘어 이탈리아 마렝고 평원에서 전투를 벌일 때 썼던 모자예요. 마렝고 전투는 나폴레옹이 "내 사전에 불가능이란 없다!"라는 말을 남긴 전투로 유명해요. 그래서인지 값이 매우 비쌌는데, 우리나라의 어느 기업 대표가 사들여 나폴레옹 갤러리에 전시했답니다.

최고의 요리사가 쓰기 시작한 토그 브란슈

요리사들이 쓰는 흰색의 둥그런 모자 이름이 뭔지 아나요? '토그 브란슈'예요.

요리사의 모자는 언제 처음 생겼을까요? 두 가지 설이 있어요. 하나는 영국에서 탄생했다, 또 하나는 프랑스에서 탄생했다는 거예요.

먼저 영국 탄생설부터 알아볼까요? 1600년대 초반 어느 날, 식사를 하던 영국 국왕 헨리 8세가 수프 속에서 머리카락을 발견했어요. 왕의 음식에서 머리카락이 나오다니! 헨리 8세는 너무 화가 나서 수프를 만든 요리사를 죽이라고 말했어요. 그리고 앞으로 음식에 머리카락이 들어가지 않도록 모든 요리사는 모자를 쓰고 요리하라고 명령했지요. 왕의 명령을 누가 감히 거역할 수 있겠어요? 요리사들은 당장 모자를 쓰기 시작했고, 그렇게 토그 브란슈가 생겨났어요.

토그 브란슈

  다음은 프랑스 탄생설이에요. 1900년대, 프랑스에 앙투안 카렘이라는 유명한 요리사가 살았어요. 카렘은 프랑스 왕족과 외국에서 온 귀빈들의 요리를 담당할 만큼 실력이 뛰어나고 명성이 높았어요. 어느 날 카렘이 운영하는 식당에 멋지게 차려입은 손님이 한 명 찾아왔어요. 카렘의 눈길이 그 손님에게 쏠렸지요. 카렘은 특히 그 손님이 쓴 모자가 마음에 들었어요. 길쭉한 흰색 모자였지요.

'저런 모자를 쓰고 요리하면 근사해 보일 것 같아.'

그 후로 카렘은 요리할 때마다 길쭉한 흰색 모자를 쓰기 시작했어요. 얼마 후, 다른 요리사들도 비슷한 모자를 따라 쓰게 되었답니다. 카렘이 쓰기 시작한 모자가 바로 토그 브란슈라는 이야기예요.

여러분 생각은 어떤가요? 토그 브란슈가 영국에서 탄생한 것 같나요? 아니면 프랑스에서 탄생한 것 같나요? 영국에서 탄생했다면 토그 브란슈는 위생 때문에 처음 생겨난 거예요. 프랑스에서 탄생했다면 권위를 위해 생겨난 것이고요.

어디서 먼저 시작되었든 결국 토그 브란슈는 요리사들의 위생과 권위, 모두를 상징하는 모자가 되었어요. 그리고 오랜 기간 동안 요리사들의 필수품으로 여겨졌지요.

그런데 문제가 생겼어요. 주방은 불을 쓰기 때문에 몹시 더

운데, 토그 브란슈를 쓰고 요리를 하려니 땀이 그치질 않는 거예요. 요리사들은 고민 끝에 좋은 방법을 찾아냈어요. 모자를 더욱 길쭉하게 만들어서 바람이 잘 통하도록 한 것이지요. 그렇게 토그 브란슈의 높이는 점점 높아졌어요. 50센티미터가 넘는 것도 있었지요.

하지만 기다란 모자는 아무나 쓸 수 없었어요. 경력에 따라 모자 높이가 달랐거든요. 주방에서 가장 경력이 많은 요리사가 가장 기다란 토그 브란슈를 썼답니다.

오늘날에는 토그 브란슈를 쓰는 요리사도 있고, 쓰

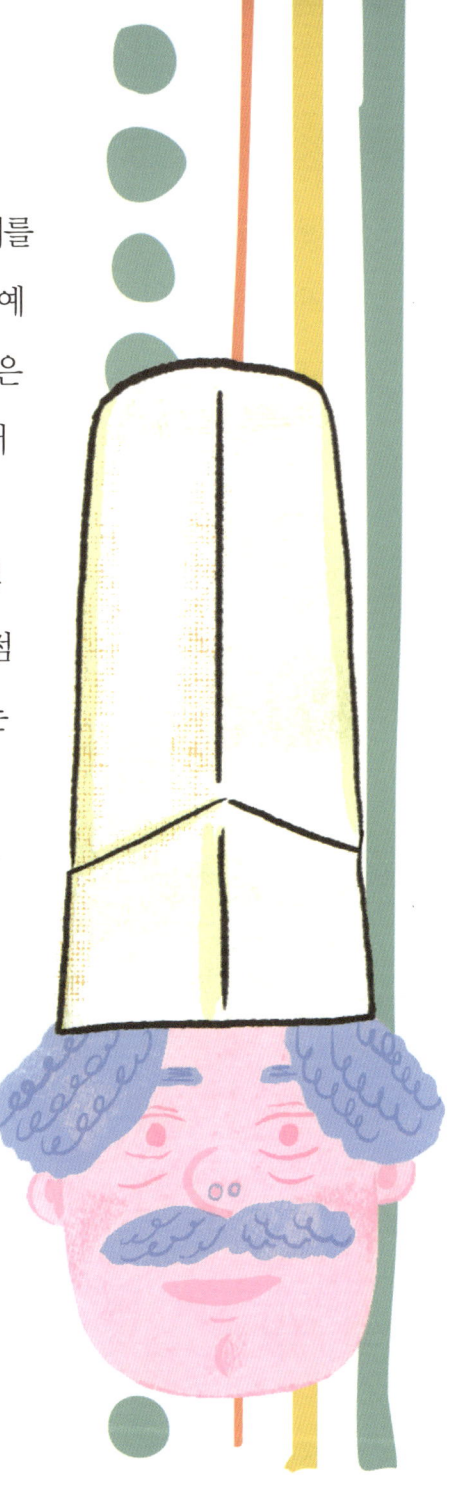

지 않는 요리사도 있어요. 토그 브란슈 대신 머리에 두건을 두르거나, 땀을 닦기 위해 목에 타이를 매는 경우가 더 많답니다.

5천 원짜리 지폐에 등장하는 정자관

5천 원짜리 지폐 모델이 누군지 아나요? 조선 시대 유명한 학자이자 정치가였던 율곡 이이예요. 율곡 이이는 신사임당의 아들로도 유명해요. 잘 알겠지만, 신사임당은 5만 원짜리 지폐의 모델이에요. 그런데 두 지폐를 눈여겨보면 엄마와 아들의 모습에서 크게 다른 점이 있어요. 율곡 이이만 모자를 쓰고 있거든요.

율곡 이이가 쓰고 있는 모자의 이름은 '정자관'이에요. 조선 시대 양반들이 집 안에서 쓰던 모자지요. 불편하게 왜 집 안에서 모자를 썼냐고요? 상투를 가리기 위해서였어요. 상투는 결혼한 남자가 땋은 머리를 틀어 올린 것을 말해요. 아무리 나이가 많아도 결혼하지 못한 남자는 상투를 틀 수 없었어요. 상투를 튼 후 머리카락이 흘러내리지 않도록 요즘의 헤어밴드 같이 생긴 '망건'을 두르고, '탕건'까지 썼어요. 그러니까 정자관을 쓴 율곡 이이는 모자를 하나만 쓰고 있는 게 아니에요. 정자관 안에 탕건, 탕건 안에 망건까지 쓰고 있는 것이지요.

정자관

조선 시대 양반들은 왜 상투를 겹겹이 가렸을까요? 맨상투 바람으로 있는 것을 속옷만 입고 있는 것과 마찬가지라고 여겼기 때문이에요.

113

그래서 잠을 잘 때를 빼고는 집 안에서도 상투를 가렸지요. 밥도 모자를 쓴 채 먹었답니다. 안 그러면 가족과 하인들 앞에서 속옷만 입고 있는 셈이니까요.

정자관이 집 안에서 쓰는 모자라면, 집 밖에서 쓰는 모자도 있었겠죠? 가장 대표적인 외출용 모자는 '갓'이에요. 갓은 조선 중기까지 양반과 중인 계급만 쓸 수 있고, 평민과 천민은 쓸 수 없었어요. 물론 조선 후기에는 평민도 갓을 쓸 수 있었답니다.

조선의 선비는 갓을 애지중지 아꼈어요. 갓을 깨끗하게 보관하기 위해 보관함도 따로 두었지요. 비 오는 날에는 갓이 젖지 않도록 갓 위에 '갈모'라는 모자를 덮어쓰기도 했어요. 갈모는 기름 먹인 종이로

갈모

만들어서 물이 스며들지 않았어요. 게다가 비가 그치면 소매 속에 넣어 다닐 수도 있었답니다. 여러 개의 주름을 잡아 만들어서 접었다 폈다 할 수 있었거든요.

선비들은 갓을 소중히 여기다 못해 갓을 꾸미는 데 공을 들이기도 했어요. 갓에 구슬갓끈을 치렁치렁 매달아서 장식한 거예요. 구슬갓끈은 유리, 자수정, 옥, 산호 같은 보석부터 거북 등딱지나 코끼리 이빨까지 다양한 재료로 만들었어요. 처음에는 가슴 정도까지 늘어뜨렸는데, 점점 더 기다란 갓끈이 유행하면서 나중에는 배꼽 아래까지 늘어뜨리기도 했지요. 길면 길수록 구슬이 많이 들어가니까 값도 점점 비싸졌어요. 어느새 갓끈은 귀중품 취급을 받게 되었답니다.

그러다 보니 갓끈이 뇌물로 이용되기도 했어요. 갓끈을 뇌물로 주고받는 사람들이 어찌나 많았던지 조선 4대 왕 세종은 지방 관리들에게 구슬갓끈 착용을 금지하기도 했어요. 하지만 구슬갓끈이 워낙 유행이라 소용 없었지요.

조선은 철저한 신분 사회였기 때문에 어느 계급에 속하느

냐에 따라 다른 모자를 썼어요. 남자와 여자가 쓰는 모자도 달랐고, 집 안과 집 밖에서 쓰는 모자도 달랐으며, 관직이나 나랏일에 따라 쓰는 모자도 달랐기 때문에 수많은 모자가 존재했어요. 그래서인지 조선을 방문한 외국인들이 조선을 가리켜 모자 왕국 또는 모자 천국이라고 부르기도 했답니다.

그런데 조선의 대표 모자인 갓은 어떻게 사라지게 되었을까요? 조선 남자들이 상투를 자르면서 상투를 가리는 용도인 갓도 사라진 거예요.

1895년 조선 정부가 온 나라에 단발령을 내렸어요. 단발령은 머리를 짧게 자르라는 명령으로, 당시 일본을 본받고자 했던 정치인들이 앞장서서 추진했어요. 일본인들처럼 머리를 짧게 자르면 위생에도 좋고, 활동하기도 편하다는 이유를 내세웠지요.

하지만 백성들 사이에서는 큰 반발이 일었어요. 대대로 유교 사상에 따라 '신체발부 수지부모 불감훼상 효지시야'를 지켜 왔기 때문이에요. 이는 '몸과 머리털, 피부 모두 부모님으로부터 받은 것이니 소중히 여기는 것이 효도의 시작이다.'라는 말이에요. 따라서 조선인들에게 머리카락을 자르는 것은 부모를 저버리는 행동이었지요.

 사실 단발령을 내리기 전 고종도 마지못해 머리를 잘랐어요. 단발령을 주장하는 정치인들의 설득에도 불구하고 고종이 자꾸 단발을 미루자, 일본군이 나서서 고종을 협박했거든요. 궁을 에워싸고 대포를 들이댔지요. 그런 분위기 속에서 고종은 결국 상투를 잘랐답니다.

 여기서 잠깐! 일본군은 왜 대포까지 들이대며 고종의 단발을 고집했을까요? 왕이 단발을 하면 백성들도 따라 하라고 말할 수 있고, 그렇게 단발령을 내리면 조선 사람들이 거세게 항의할 거라고 예상했기 때문이에요 그렇게 되면 그들을 진압한다는 핑계로 조선에 군대를 보내고, 그 군대를 통해 조선을 집어삼킬 계획이었죠.

 일이 계획대로 풀리게 하려고 일본군들은 조선인들의 머리카락을 강제로 자르기도 했어요. 길거리에서 사람들을 붙잡아 그 자리에서 강제로 상투를 자르고, 집집마다 상투 튼 사람을 찾아다니기도 했지요.

 이 일로 항일 의병 운동이 일어나기도 했지만, 어쩔 수 없이 상투를 자르는 사람들이 점점 늘어나면서 자연스럽게 갓도 자취를 감추게 되었답니다.

공주가 쓴 망가진 모자

 망가진 모자 때문에 탄생해서, 옛날부터 지금까지 널리 사랑받는 모자가 있어요. 바로 '중절모'예요. 이름은 낯설어도 모자를 보면 "아하, 저 모자!" 하고 알아볼 거예요. 모자 윗부분 가운데가 움푹 들어간 특이한 모양이거든요. 흔히 중절모를 가리켜 '신사용 모자'라고도 불러요.

 그런데 중절모가 탄생하기 전에는 신사용 모자 하면 '중산모'를 가리켰어요. 중산모는 모자 윗부분 가운데가 둥글게

솟은 모자예요. 언뜻 보면 중절모와 비슷하게 생겼지요. 두 모자는 어쩌다 닮게 된 걸까요? 중산모 때문에 중절모가 탄생했기 때문이에요.

1869년 어느 날, 이탈리아의 한 국회 의원이 길을 걷다가 느닷없이 괴한의 공격을 받았어요. 괴한이 다짜고짜 국회 의원의 머리를 몽둥이로 내려친 거예요. 천만다행으로 국회 의원은 크게 다치지 않았지만, 그가 쓰고 있던 모자는 몽둥이에 짓눌려 움푹 꺼져 버렸지요. 국회 의원이 쓰고 있던 모자는 당시 유럽 신사들이 즐겨 쓰던 중산모였어요. 길거리에서 국회 의원이 몽둥이 공격을 받은 일은 곧바로 신문에 실렸어요. 망가진 중산모를 쓰고 있는 국회 의원 사진도 함께 실렸지요.

신문을 본 사람들의 반응은 어땠을까요? 대부분은 대수롭게 여기지 않았어요. 그런데 한 모자 장수는 전혀 다른 반응을 보였어요. 다른 사람들이 기사에 집중할 때, 모자 장수는 국회 의원이 쓴 모자에 더 눈길을 준 거예요.

"가운데가 움푹 들어간 모자도 모양이 괜찮은걸? 이렇게

생긴 모자를 만들어 볼까?"

모자 장수는 당장 새로운 모자를 만들었고, 신문에 실렸던 국회 의원의 이름을 따서 모자 이름을 '롭비아 모자'라고 지었어요. 이 롭비아 모자가 바로 중절모예요.

그런데 롭비아 모자는 별로 인기를 끌지 못했어요. 그러다가 모자에 별명이 생긴 후로 인기를 얻게 되었지요. 그 별명은 '페도라'였어요.

페도라는 원래 프랑스에서 공연한 연극 제목이자, 연극에 등장하는 주인공 페도라 공주의 이름이에요. 페도라 공주가 극 중에 중절모를 쓰고 나왔는데, 그걸 본 여자들이 페도라 공주를 따라 하기 시작했어요. 점점 더 많은 여자들이 중절모를 쓰면서 모자 이름도 페도라로 불리게 되었지요.

페도라 공주의 영향으로 중절모는 여자용 모자로 먼저 유행하게 되었어요. 그러다가 영국 왕 에드워드 8세가 중절모를 애용하면서 남자들 사이에서도 크게 유행하게 되었답니다.

한때는 미국 마피아와 할리우드 남자 배우들이 중절모를

즐겨 써서, 중절모가 남자다움의 상징처럼 여겨지기도 했어요. 하지만 오늘날에는 남자, 여자 가릴 것 없이 누구나 써요. 이제는 아무도 중절모를 롭비아 모자라고 부르지 않아요. 페도라라고 부르지요.

에필로그

어떤 모자를 쓸까?

이제 정말 시간이 없어요. 곧 길고양이 파티가 시작될 거예요. 검은 고양이는 어떤 모자를 쓰는 게 좋을까요? 어떤 모자를 써야 눈에 확 띄어서 이름을 얻을 수 있을까요?

검은 고양이는 고민 끝에 멋진 모자 하나를 골랐어요. 그리고 하룻밤 모자를 빌리는 대가로 모자 가게 앞에 찍찍 소리가 나는 작은 선물을 남겼지요. 모자 가게 사장이 좋아할지는 모르겠지만요!